MARIO BENEDETTI

La borra del café

punto de lectura

Mario Benedetti nació en el Paso de los Toros (Uruguay) en 1920. Se educó en un colegio alemán y se ganó la vida como taquígrafo, vendedor, cajero, contable, funcionario público y periodista. Es autor de novelas, relatos, poesía, teatro y crítica literaria. Su obra, más de cincuenta libros, ha sido traducida a veintitrés idiomas. En 1953 aparece *Quién de nosotros,* su primera novela, pero es el libro de cuentos *Montevideanos* (1959) el que supuso su consagración como escritor. Con su siguiente novela, *La tregua* (1960), Benedetti adquiere proyección internacional: la obra tuvo más de un centenar de ediciones, fue traducida a diecinueve idiomas y llevada al cine, el teatro, la radio y la televisión. Por razones políticas, debió de abandonar su país en 1973, iniciando un largo exilio de doce años que lo llevó a residir en Argentina, Perú, Cuba y España, y que dio lugar a ese proceso bautizado por él como «desexilio». Ha sido galardonado con, entre otros, el Premio Reina Sofía de Poesía, el Premio Iberoamericano José Martí y el Premio Internacional Menéndez Pelayo.

MARIO BENEDETTI

La borra del café

Título: La borra del café
© 1992, Mario Benedetti
© Santillana Ediciones Generales, S.L.
© De esta edición: 2007, Punto de Lectura, S.L.
Torrelaguna, 60. 28043 Madrid (España) www.puntodelectura.com

ISBN: 978-84-663-6956-5
Depósito legal: B-41.272-2007
Impreso en España – Printed in Spain

Diseño de portada: Pdl
Fotografía de portada: © Hulton Deutsch Collection / Cover
Diseño de colección: Punto de Lectura

Impreso por Litografía Rosés, S.A.

Primera edición: mayo 2007
Segunda edición: septiembre 2007

11 / 6

*A mis traductores, que han tenido
la paciencia y el arte de reconstruir
el habla y los silencios de mis
montevideanos en más de veinte lenguas.*

¿A dónde van las nieblas, la borra del café,
los almanaques de otro tiempo?

JULIO CORTÁZAR

Nada es mentira. Basta con un poco de fe
y todo es real.

LOUIS JOUVET
(en Entrada de artistas)

estamos libertados como niños,
inminentes para lo duradero

MILTON SCHINCA

Las mudanzas

Mi familia siempre se estaba mudando. Al menos, desde que tengo memoria. No obstante, quiero aclarar que las mudanzas no se debían a desalojos por falta de pago, sino a otros motivos, quizá más absurdos pero menos vergonzantes. Confieso que para mí ese renovado trajín de abrir y cerrar cajones, baúles, grandes cajas, maletas, significaba una diversión. Todo volvía a acomodarse en los armarios, en los estantes, en los *placards*, en las gavetas, aunque buena parte de las cosas (no siempre las mismas) permanecían en los cofres y baúles. La nueva casa (nunca éramos propietarios sino inquilinos) adquiría en pocos días el aspecto de morada casi definitiva, o por lo menos de albergue estable, y pienso que eso era lo que mis padres sinceramente creían, pero antes de que transcurriera un año mi madre y/o mi padre, nunca ambos a la vez, empezaban a sembrar comentarios (al comienzo sutiles, pero luego cada vez más explícitos) que en el fondo eran propuestas de un nuevo cambio. Por lo general, las razones invocadas por mi padre eran la falta de sol, la humedad de las paredes, los corredores muy angostos, el alboroto exterior, los vecinos que fisgoneaban, etcétera. Las aducidas por mi madre eran más variadas, pero normalmente figuraban en la nómina motivos como exceso de sol, sequedad en el ambiente, espacios interiores demasiado amplios, incomunicación con los vecinos, calles sin movimiento, etcétera. Por otra parte, a mi padre le gustaba la tranquilidad de los barrios periféricos, en tanto que mi madre prefería la agitación del Centro.

No teman. No les voy a contar toda la historia de *mis* casas, sino a partir de aquellas en que me pasaron cosas importantes (o, como dijo el poeta, en un arranque de genial cursilería, «cosas chicas para el mundo / pero grandes para mí»). Nací en una casa (planta alta) de Justicia y Nueva Palmira, en la cual, como excepción, vivimos tres años. Tengo pocos recuerdos, salvo que había una claraboya particularmente ruidosa cuando se la abría o cerraba, algo que no acontecía con frecuencia ya que la manija, situada en la pared del patio, era durísima y sólo podía funcionar mediante el esfuerzo mancomunado de dos personas suficientemente robustas. Además, los días de lluvia la dichosa manija propinaba unas terribles patadas de corriente eléctrica, de modo que aquella claraboya sólo podía abrirse o cerrarse en tiempo seco.

Luego, sin abandonar el barrio, nos trasladamos a Inca y Lima. Allí lo más recordable era el inodoro, pues cuando alguien tiraba de la cadena, el agua, en lugar de cumplir su función higiénica en el *water*, salía torrencialmente del remoto tanque empapando no sólo al infortunado usuario, sino todo el piso de baldosas verdes. Después nos fuimos a Joaquín Requena y Miguelete, donde había más ruido callejero pero el inodoro funcionaba bien y no era imprescindible hacer las necesidades con impermeable y sombrero. De esa casa, bastante más modesta que las anteriores, sólo merece ser evocada una vitrola, en la que mi madre, cuando mi padre estaba ausente, ponía un disco con clases de gimnasia que siempre arrancaba con una voz muy castiza: «¡Atención! ¡Lissssssto! ¡Empeceeemos!» Y mi madre, obediente, empezaba. Yo, que ya andaba por los cinco y medio, la admiraba mucho cuando se tendía en el suelo y levantaba las piernas o se ponía en cuclillas y estiraba los brazos, ocasiones en que solía desmoronarse hacia un costado, pero yo creía que eso también era ordenado por el gallego del disco. (Debo aclarar que sólo pude identificar el acento de aquel animador muchos años después, concretamente una tarde en que hallé aquella reliquia de 78 rpm en un baúl y la volví a escuchar en un tocadiscos.) De todas maneras, la aplaudía con ganas, y ella, cuando terminaba la lección oral, en reconocimiento a mi comprensión y estímulo, me alzaba en brazos y me daba un beso, más sonoro pero menos agradable que otros ósculos maternales, ya que, como era previsible después de tanta calistenia, estaba espantosamente sudada.

La siguiente vivienda (más modesta aún) estaba en Hocquart y Juan Paullier. Quedaba a sólo cuatro cuadras de la anterior, de modo que no fue fácil conseguir un camión que aceptara encargarse de una mudanza de tan corto recorrido, algo que a mi padre, con toda razón, le parecía absurdo, ya que las faenas de carga y descarga eran las mismas que si la distancia fuera de quince kilómetros. Por fin apareció un camionero que, gracias a una buena propina, se avino a un desplazamiento tan poco tradicional, pero su malhumor y el de sus dos colaboradores fue tan notorio, que a nadie le sorprendió que un

13

ropero perdiera todas sus patas menos una, y un espejo se escindiera en dos lunas: una menguante y otra creciente. En el nuevo domicilio estábamos un poco apretados y casi siempre comíamos en la cocina. Lo mejor de la casa era la azotea, que virtualmente se comunicaba con la del vecino, y donde había un perro enorme, que a mí me parecía feroz y que se convirtió en mi primer enemigo. Para peor, las pocas veces que yo subía, el pobre animal gruñía casi por compromiso, pero no bien advertí que estaba sujeto con una cadena, yo también, en el primer signo de cobardía de que tengo memoria, decidí gruñirle, y aunque mi alarde resultaba apenas una caricatura, debo admitir que no contribuyó a que mejoraran nuestras ya deterioradas relaciones.

Hubo más casas en aquellos tiempos. Siempre por los mismos barrios: Nicaragua y Cufré, Constitución y Goes, Porongos y Pedernal. A esas alturas, los cambios de domicilio ya obedecían a una obsesión corporativa. Las mudanzas habían pasado de la categoría de pesadilla a la de ensueño. Cada vez que una nueva vivienda aparecía en el horizonte, pasaba a ser, con sus luces y sus sombras, una utopía, y cuando por fin traspasábamos el nuevo umbral, aquello era como entrar en el Elíseo. Por supuesto, la fase celestial caducaba muy pronto, verbigracia cuando un trozo del cielo raso caía sobre nuestros *cappelleti alla carusso* o una disciplinada vanguardia de cucarachas invadía la cocina a paso redoblado en medio de los histéricos alaridos de mi madre. Sin embargo, el hecho de que un mito se desvaneciera en la niebla de nuestras frustraciones no impedía que todos empezáramos a colaborar en un nuevo borrador de utopía.

Primeros auxilios

Lo cierto es que la primera casa relevante fue, al menos para mí y no siempre por buenas razones, la de la calle Capurro. En primer término, allí nació mi hermana; en segundo, mi viejo cambió de trabajo y ello redundó en un considerable aumento en sus entradas; en tercero y último, me enfermé de cierto cuidado y el médico prohibió que concurriera al colegio. La convalecencia fue interminable, pero pasados los primeros meses mi viejo contrató a una maestra particular que, tres veces por semana, dedicaba cuatro horas diarias a mi (deformada) formación.

Se llamaba Antonia Vico. Recuerdo el apellido porque rimaba con *abanico*, y éste era un artefacto que ella llevaba en las cuatro estaciones. Aunque siempre estaba acalorada, mi madre nunca le ofrecía el ventilador, pues en mi condición de eterno convaleciente una mera corriente de aire podía provocarme una recaída, o, en el más leve de los casos, una serie de treinta y dos estornudos. Me consta que era delgada, con piel muy blanca y unos ojos oscuros que me dedicaban dos tipos de miradas: una, dulce y comprensiva, cuando mis padres estaban presentes, y otra, inquisidora y severa, cuando nos

15

dejaban solos. En resumidas cuentas, no fue un amor a primera vista.

En general, cuando un niño cualquiera goza de una maestra privada para su exclusivo desgaste, la tendencia natural es a recibir la lección del lunes y luego darle una lectura rápida para así quedar bien cuando llegue el repaso del miércoles. Yo en cambio hacía todo lo contrario: estudiaba el lunes la lección que ella iba a impartirme el miércoles, lo cual provocaba en la pobre muchacha una gran frustración, una suerte de vacío pedagógico, y acaso el temor de que si mis padres se enteraban de que yo avanzaba en mis conocimientos sin que su aporte didascálico fuera imprescindible, decidieran prescindir de tan fútiles servicios. Sin embargo, yo podía ser perverso pero no delator, de modo que nunca comenté con mis padres mis retorcidas tretas de alumno. Mi objetivo no era que Antonia se quedara sin trabajo, sino más bien que tomara conciencia de con quién se las veía. De modo que así seguimos: yo anticipándome a su lección, ella aprendiendo a respetarme. Como me sabía cada tema al dedillo, y detectaba de inmediato cualquier desvío u omisión de su parte, a veces parecía que era yo quien tomaba la lección y ella la que pasaba apuros.

Sólo seis meses después de una inflexible aplicación de esa técnica, o sea cuando al fin estimé que mi honorabilidad estaba a salvo, decidí permitirle que nuestra relación retomara un ritmo más normal y en consecuencia acepté que me dictara la lección antes de yo aprenderla. De más está decir que me lo agradeció en el alma y a partir de ese reajuste empezó a mirarme con ojos dulces y comprensivos, aun cuando mis padres no estaban presentes. Tengo la impresión de que hasta llegó a amarme. Y a esta altura ya no vale la pena ocultarlo: creo que también la amé un poquito, tal vez porque aquella mirada dulce, que ahora disfrutaba en exclusividad, me derretía por dentro. En ese entonces yo sólo tenía ocho años, pero lo que más tarde sería reconocido como mi vocación estética me llevó a mirarle las piernas y las encontré hermosas, bien torneadas, seductoras. Quizá no era sólo vocación estética. A esta altura pienso que mi primera y precoz exteriorización erótica se concentró en las ojeadas clandestinas que dediqué a aquellas piernas graciosas y cabales. Incluso soñé con ellas, pero aun en la ocasión onírica no iba más allá de las miradas de admiración y asombro. Imágenes posteriores me recuerdan que Antonia poseía lindos pechos y labios prometedores, pero a los ocho años mi éxtasis tempranero quedaba anclado en sus piernas y no me permitía distraerme en otras franjas de interés.

Aquel naufragio

Fue precisamente en la casa de la calle Capurro que empecé a sentirme integrante de una familia mayor. Dos primos, que me llevaban un par de años, vinieron de Cerro Largo a radicarse en Montevideo, y al principio vivían con el abuelo Javier, padre de mi madre. Más tarde, los padres vinieron también a la capital y se instalaron todos en Capurro, a cinco cuadras de casa. Mi prima Rosalba, que me llevaba tres años, vivía en Canelones, pero venía a menudo a visitarnos con su madre, la tía Joaquina, que por cierto no gozaba de las simpatías de mi padre. «No soporto a tu hermana», le decía frecuentemente a mi madre. «Es bruta, brutísima, y además necia.» Ella sólo alegaba: «Pero es mi hermana», e increíblemente este argumento era el único que derrotaba a mi viejo. Por otra parte, el abuelo Vincenzo, padre de mi padre, venía a menudo de Buenos Aires, donde tenía un almacén, y siempre paraba en casa. A las abuelas las veía menos. A la madre de mi madre, porque siempre estaba enferma, y en consecuencia nunca salía a la calle ni había que importunarla con visitas; y a la madre de mi padre, porque vivía en Buenos Aires y cuando el abuelo Vincenzo viajaba a Montevideo, ella se quedaba atendiendo el almacén de Caballito.

El abuelo Vincenzo era tan divertido como el abuelo Javier, pero en otro estilo. Una vez me contó cómo se había salvado de un naufragio famoso. Le pregunté si se había librado porque sabía nadar. «No, cómo se te ocurre. Siempre he tenido más afinidad con las aves que con los peces. Pero la verdad es que tampoco sé volar.» Su carcajada florentina resonaba en el patio como un carillón. «¿Y entonces, cómo te salvaste?» «Muy sencillo: perdí el barco en Génova. Llegué al puerto media hora después de su partida asquerosamente puntual. Traté de conseguir una lancha que me llevara hasta el vapor (aún estaba a la vista). Para mi suerte fracasé en el intento. Cuando diez días después me enteré de que el buque se había hundido en pleno Atlántico, no se me ocurrió nada menos egoísta que celebrarlo con una damajuana de Chianti. Ya sé que está mal, que debía haber pensado en los otros; hoy no lo habría hecho así, pero en aquella época era muy joven y aún no había aprendido a ser hipócrita.» Y aquí otra carcajada. Yo en cambio no me reía. Enseguida me di cuenta de que el abuelo no había leído *Corazón*, el libro de Edmondo de Amicis que era mi Biblia, ya que, de haberlo leído, no habría tenido una actitud tan mezquina, y si de todos modos hubiera decidido empinarse la damajuana de vino, lo habría hecho con tristeza y hasta llorando un poco por los que se ahogaron. Pero no, al abuelo todavía le duraba el regocijo de haber escapado a la muerte casi por milagro, aunque ni siquiera eso lo había reconciliado con el cura de su parroquia, pues toda su vida fue un ateo militante y arremetió contra Dios como si éste fuera un mero organizador de descarrilamientos y naufragios.

Un parque para nosotros

La casa de la calle Capurro tenía un olor extraño. Según mi padre, olía a jazmines; según mi madre, a ratones. Es probable que ese conflicto haya desorganizado mi capacidad olfativa por varios lustros, durante los cuales no podía distinguir entre el perfume a violetas y el olor a azafrán, o entre la emanación de la cebolla y el vaho de las inhalaciones.

En conexión con esa casa tengo además dos recuerdos fundamentales: uno, el Parque Capurro, y otro, la cancha de fútbol del Club Lito, que quedaba a tres cuadras. En aquella época, el Parque Capurro era como una escenografía montada para una película de bandidos, con rocas artificiales, semicavernas, caminitos tortuosos y con yuyos, una maravilla en fin. No me dejaban ir solo, pero sí con mis primos o con el hijo de un vecino, que era de mi edad. El Parque estaba casi siempre desierto, de modo que se convertía en nuestro campo de operaciones. A veces, cuando recorríamos aquellos laberintos, nos encontrábamos con algún *bichicome* borracho, o simplemente dormido, pero eran inofensivos y estaban acostumbrados a nuestras correrías. Ellos y nosotros coexistíamos en ese paisaje casi lunar, y su presencia agregaba un cierto sabor de riesgo (aunque sabíamos que no arriesgábamos nada) a nuestros juegos, que por lo general consistían en encarnizadas luchas cuerpo a cuerpo, entre dos bandos, o más bien bandas: una integrada por mi primo Daniel y el vecino, y otra, por mi primo Fernando y yo. A veces también participaban otros botijas del barrio, pero de todos modos nosotros llevábamos la voz cantante. (No hay que olvidar que si bien Daniel se ilustraba en Conan Doyle, Fernando, Norberto y yo habíamos perfeccionado nuestra piratería en la escuela de Sandokán.) En mi condición de convaleciente, tenía prohibidos semejantes excesos, gracias a los cuales sudaba demasiado, de modo que antes de regresar a casa había que tomar ciertas medidas precautorias. Como antes de la contienda dejábamos nuestras camisas sobre las rocas, cuando la lucha llegaba a su fin, nos lavábamos en una fuente con agua sospechosamente verdosa, nos secábamos al sol, y luego nos volvíamos a poner las camisas, que no mostraban ninguna señal de las refriegas. Cuando volvíamos a casa, muy peinados y rozagantes, mi madre me preguntaba: «No habrás corrido, ¿verdad?» Para corroborar mi respuesta negativa, alguno de mis primos ratificaba: «No, tía, mientras nosotros jugábamos, Claudio estuvo sentado en un banco, tomando el solcito.»

El dirigible y el Dandy

Así como el Parque Capurro tenía para nosotros un atractivo singular, la playa contigua, en cambio, era más bien asquerosa. La escasa arena, siempre sucia, llena de desperdicios y envases desechables, era mancillada aún más, ola tras ola, por otras basuras y despojos, provenientes tal vez de las diversas embarcaciones ancladas en la bahía.

Sólo en una ocasión la Playa Capurro, por lo general tan despreciada, se llenó de gente y bicicletas. Fue cuando vino el dirigible. El *Graf Zeppelin*. Aquella suerte de butifarra plateada, inmóvil en el espacio, a todo el mundo adulto le resultó admirable, casi mágica; para nosotros, en cambio, era algo normal. Más aún: el estupor de los mayores nos parecía bobalicón. Verlos a todos con la boca abierta, mirando hacia arriba, nos provocaba una risa tan contagiosa, que de a poco se fue transformando en una carcajada generacional. Los padres, tíos, abuelos, se sintieron tan agraviados por nuestras risas, que los sopapos y pellizcos empezaron a llover sobre nuestras frágiles anatomías. Una injusticia histórica que nunca olvidaremos.

No obstante, el *Graf Zeppelin* fue causa indirecta de un cambio importante en nuestras vidas. Nuestro interés por aquel globo achatado e insípido duró exactamente diez minutos. Cuando empezaron nuestros primeros bostezos, nos fuimos replegando, sin saber aún hacia dónde encaminar nuestras expectativas. Los mayores seguían boquiabiertos, hipnotizados por aquel mamarracho hermético, instalado en el espacio abierto. De pronto nos dimos cuenta de que en esa jornada *no existíamos*, estábamos al margen del mundo, por lo menos del mundo autorizado a asombrarse. De modo que cuando mi primo Daniel dijo: «¡Somos libres!», todos fuimos conscientes de que se había convertido no sólo en nuestro portavoz sino también en nuestro líder.

Por diversos senderos empezamos a retroceder hacia el Parque, sin apuro y sin llamar la atención, no fuera que alguno de aquellos mayores, tan turulatos, saliera de pronto de su embeleso y diera la voz de alerta. No fue necesario que conviniéramos cuál iba a ser nuestro punto de encuentro. Sabíamos que nos íbamos a reunir en un pequeño claro entre las rocas, donde confluían tres o cuatro caminitos y siempre había sido la zona neutral de nuestros juegos, contiendas y desafíos. Allí nos encontramos, pues, y esta vez fue además paraninfo de deliberaciones.

Aquella circunstancial indiferencia de los adultos, unida a la no buscada y sorpresiva pero evidente libertad de que gozábamos desde la última media hora, nos obligaba a un decisivo reajuste. No teníamos ganas de jugar ni de entablar sudorosas trifulcas de engaña pichanga. Era como si alguien, al despojarnos repentinamente de nuestra escafandra de inocencia, nos hubiera dejado desnudos frente a un nuevo y desconocido compromiso.

Por cierto que el destino, o como se llame, nos reservaba para esa misma jornada una puesta a punto de la responsabilidad recién estrenada. Empezamos a caminar en silencio por uno de los senderos que llevaban a las cuevas. Íbamos tan absortos que casi tropezamos con un cuerpo tendido. La mueca instalada en el rostro y cierta rigidez de los miembros eran signos demasiado evidentes. No era preciso llamar a un forense para comprender que se trataba de un muerto.

«Fíjense, es Dandy», dijo mi primo Fernando. Ése era el nombre que se daba a sí mismo un conocido *bichicome*, decano del Parque, que generalmente hacía de las cuevas su dormitorio estable. Y el mote no era tan absurdo como podía parecer, ya que, pese a sus zapatos astrosos, a su pantalón harapiento, a su camisa mugrienta y a su gabardina en jirones, nunca lo habíamos visto sin corbata (incluso tenía dos: una a rayas negras y rojas, y otra azul con herraduras marrones). «Tenés razón, es Dandy», dijo Daniel. Mi vecino Norberto se acercó al cuerpo del *bichicome*, pero Daniel lo detuvo. «No lo toques», dijo, «¿no ves que si encuentran nuestras huellas digitales van a pensar que fuimos nosotros?» Norberto retrocedió obediente, no sólo como reconocimiento de que Daniel era ahora el líder, sino también de su cultura detectivesca, obtenida, según nos constaba a todos, en su frecuentación de Sherlock Holmes. Eso también revelaba una apreciable distancia entre Daniel y los demás. Mientras nosotros estábamos aún en Edmondo de Amicis o Salgari, él frecuentaba rigurosamente a Conan Doyle. «Recuerden la hora en que lo descubrimos», dijo Daniel. «Las tres y diez.»

Luego tomó un diario que alguien había dejado sobre unas piedras, lo arrimó al cuerpo del Dandy y presionó una y otra vez con su zapato. La última vez lo hizo con más fuerza y entonces apareció una mancha de sangre, reseca y bastante extendida. Con el mismo mecanismo, desplazó luego hacia arriba la mugrienta camisa, dejando al descubierto una herida considerable, producida al parecer por algún instrumento cortante. A la vista de ese desastre, sentí que los ojos se me nublaban y que estaba a punto de desmayarme, pero haciendo (literalmente) de tripas corazón, me repuse a medias y alcancé a decir una frase tan memorable como ésta: «¿Y la gabardina?» Daniel me consagró una de esas miradas tiernamente menospreciativas que Holmes solía dedicar al doctor Watson, y sólo dijo: «¿La gabardina? Seguramente se la ha llevado el asesino.» Eso ya fue demasiado. Ante el simple sonido de la palabra *asesino* sentí que me desmayaba, y esta vez fue de veras. Luego, cuando fui recuperando el conocimiento, sentí que Fernando me estaba pasando un pañuelo húmedo por el rostro, y pensé en qué lo habría humedecido. Pero en ese instante me encontré con la mirada entre admonitoria y burlona de Daniel, quien además me decía: «Ah flojón.» Entonces sentí que la sangre me subía al rostro en oleadas, y ahí sí me repuse del todo.

Por supuesto nos juramentamos para mantener en total secreto nuestro «macabro hallazgo» (así al menos lo calificó Daniel, quien, como criminólogo en cierne, era apasionado lector de la crónica roja en la prensa diaria). Aprovechando que los mayores seguían arrobados en la contemplación del dirigible, volvimos por atajos separados a la playa y allí nos quedamos, simulando una fascinación que estábamos lejos de sentir, pero creando de ese modo una coartada colectiva que nos desvinculaba de aquel cadáver que quedaba atrás, allá en nuestro ex punto de encuentro. Y digo ex, debido a que, por razones obvias, nunca más volvimos a citarnos allí.

A medida que fue cayendo la tarde, la multitud de curiosos se fue dispersando. Sólo entonces los adultos recordaron que existíamos. Recuerdo que mi madre, todavía emocionada, me puso un brazo sobre los hombros y me comentó: «¡Qué hermosura! ¿Te gustó?» Yo me mostré entusiasmado por la butifarra aérea y así emprendimos el regreso a casa, pausada y normalmente, como si nada hubiera pasado, como si de ahora en adelante no existiera un cadáver en nuestras vidas.

Curiosamente, la prensa ignoró totalmente el asesinato del Dandy. Todos los días revisábamos los diarios y escuchábamos los noticieros de radio, esperando siempre el titular temido: *Asesinato en el Parque Capurro*. Y los subtítulos de rigor: *Se sospecha de varios menores. Aprovechando la conmoción despertada por el Graf Zeppelin, un bichicome, apodado El Dandy, es ultimado al atardecer*. Diez días después del descubrimiento, nos reunimos los cuatro en el patio trasero de mi casa y resolvimos que esa incertidumbre debía concluir. Teníamos que volver al Parque para saber qué había pasado con el cuerpo del Dandy. Estuvimos de acuerdo en que era imprudente una excursión colectiva. Sólo uno de nosotros debía dirigirse al «claro del bosque» a fin de realizar una inspección ocular. Era lógico que lo tiráramos a la suerte. «Dios decidirá», dijo mi vecino Norberto, que iba diariamente al catecismo y era el favorito del padre Ricardo. Su meta prioritaria en la vida era llegar a ser monaguillo de ese cura. Nosotros teníamos por entonces otros ideales. Como era previsible, Daniel quería llegar a ser detective; Fernando, mecánico (cuando era más chico, decía «macaneador», pero era una errata); yo, golero de la selección, algo así como un sobrino putativo de Mazzali. Bueno, efectivamente Dios decidió. Me eligió a mí. Ese mismo día resolví ser ateo. Y hasta hoy me mantengo. Fue un trauma muy duro. No sé qué habría pasado si el sorteo hubiera señalado a Norberto o a Fernando o a Daniel. Tal vez ello habría confirmado mi fe en el Señor y hoy sería párroco, o al menos obispo. Pero no fue así y tuve que hacerme cargo de mi ateísmo y de la inspección ocular.

Al día siguiente partí hacia el peligro. Los otros tres quedaron en la esquina de Capurro y Húsares, a la espera de mis noticias. Me dirigí hacia «el lugar del hecho» (así lo denominaba Daniel) con todo el coraje de que disponía, que por cierto no era demasiado. Si no caminaba rápido, no era por mala voluntad, sino porque las piernas me temblaban, totalmente al margen de mi voluntad de cruzado. El temblor sólo se interrumpía cuando subía o bajaba escalones, pero no bien volvía a caminar aquella trepidación recomenzaba. Recuerdo que era una fresca mañana de otoño, pero yo sudaba como en enero.

Por fin llegué al «claro del bosque». Al principio no lo podía creer, pero el Dandy no estaba. Extrañamente, su ausencia me calmó. El temblor cesó como por encanto. Y hasta tuve ánimo para recorrer los caminitos que llegaban al claro y, más aún, en un alarde de arrojo inconcebible, me asomé a la cueva que el Dandy había usado durante años como refugio. Tampoco allí había rastros del *bichicome*. Apenas una botella (vacía) de alcohol de quemar.

Es claro que volví sacando pecho. Cuando Daniel, Fernando y Norberto vieron que regresaba, corrieron a mi encuentro, ansiosos. Durante unos minutos los hice sufrir, pero después sus caras de susto me dieron lástima. «El occiso no está», dije, para que se dieran cuenta de que yo también tenía mis lecturas. La noticia cayó como un balde de agua fría. «¿Habrás revisado bien?», inquirió Daniel. Le devolví aquella mirada, entre admonitoria y burlona, que me había dedicado cuando mi desvanecimiento, y agregué: «Revisé todo. Fijate que hasta me metí en la cueva del Dandy.» «¿Te metiste en la cueva?», preguntó Norberto con un dejo de admiración. «Sí, claro» confirmé sin dar mayor importancia a mi notable audacia, «y sólo había esta botella.» La botella fue pasando de mano en mano y luego volvió lógicamente a las mías. Sin que nadie lo decidiera de un modo explícito, pasé a ser su custodio oficial. Todos la tomábamos por el cuello y usando mi pañuelo, ya que el resto de la botella podía tener huellas digitales que no fueran las nuestras y las del propio Dandy.

Sin embargo, de poco sirvieron tantas precauciones. No sólo no se individualizó al criminal, sino que tampoco la prensa mencionó el caso. En varios de nuestros encuentros deliberamos sobre las distintas posibilidades. ¿Estaría realmente muerto cuando lo descubrimos el día del dirigible? La respuesta unánime era que indudablemente aquello era un cadáver. Además, si no estaba muerto, ¿por qué nunca más lo habíamos visto en sus recorridos habituales? Ah, pero si era un cadáver, ¿quién se lo había llevado? ¿Por qué la prensa nunca había hecho referencia a aquel asesinato o lo que fuera? Un elemento adicional, a tener en cuenta, era que después de aquella jornada festivo-luctuosa habían desaparecido del barrio los otros *bichicomes*. ¿Y eso por qué? ¿Se enteraron del crimen y tuvieron miedo? Lo único que quedó claro es que nosotros sí tuvimos miedo y, salvo aquel día en que llevé a cabo mi inspección ocular, nunca más volvimos al «claro del bosque». Al cabo de unos meses dejamos de hablar de aquel tema que nos excitaba pero también nos ensombrecía. Sin embargo, la postrera mueca del Dandy siguió apareciendo, durante varios meses, en mis pesadillas, hasta que por fin se retiró también de ese territorio. Dos o tres años más tarde, escuché por única vez en la radio un tango que incluía esta estrofa: «Y a veces cuando me aburro / recuerdo al Dandy, aquel vago / que en un miércoles aciago / cagó fuego allá en Capurro.» Anoté enseguida aquellos versos, para que no se me olvidaran, pero sentí que otra vez me invadía, no el miedo de aquel otoño, pero sí un rescoldo de aquel miedo. Quizá por eso no llamé a la radio para preguntar el título del tango y el nombre del tanguero. No lo comenté con nadie y nunca más escuché aquella letra, que después de todo no era muy brillante. Sin embargo, al día siguiente consulté una de esas tablas que traen algunas agendas para averiguar qué día de la semana correspondió a un día cualquiera del pasado. ¡Y el día del *Graf Zeppelin* era un miércoles! Así y todo, el autor del tango no especificaba que había sido un crimen: «cagó fuego» es sinónimo lunfardo de «crepar, morir», pero puede ser una muerte natural. ¿Muerte natural con semejante herida en el costado y con toda la sangre derramada? El episodio podría dar lugar a todo un ensayo sobre «Tango y desinformación». Salvo que el autor fuera el asesino (¿por qué no?) y la letra una coartada, una suerte de deliberada bruma sobre aquella muerte. Ya sé, Daniel habría dicho: «Como es obvio, el asesino suele volver al lugar del crimen, y ese tango (está clarísimo) es un simple regreso.» Pero no tuve ánimo para hablarlo con nadie, y aun si lo hubiera tenido, tampoco habría podido, ya que Daniel, precisamente en ese año, viajaba con sus viejos por Estados Unidos.

Pro y contra de la osadía

Ya dije que en Capurro había otro paisaje fundamental: la cancha de fútbol del Club Lito. Era una institución modesta (creo que integraba una división que entonces se llamaba Intermedia), pero todo el barrio la apoyaba. Por otra parte, más de una vez cedía gratuitamente la cancha a equipos más modestos aún, que ni siquiera tenían campo de juego. En esos casos (tales partidos solían jugarse los domingos por la mañana) no se cobraba entrada. A veces íbamos con el viejo, que era un tibio hincha de Defensor, aunque nunca acumulaba suficiente entusiasmo como para trasladarse al Parque Rodó. La cancha de Lito, en cambio, quedaba ahí cerquita y él se divertía con las chambonadas de aquellos cuadritos que se enfrentaban en las soleadas mañanas de domingo.

Todavía recuerdo a un arquerito casi adolescente que tenía una manía. Cuando los tiros de los delanteros rivales eran fuertes y esquinados, se mandaba tremendas palomas y despejes de puño y era muy aplaudido por los cuarenta espectadores. Pero cuando el balón venía por lo alto, entonces se daba el lujo de estirar su camiseta hacia adelante y recibía la pelota en el hueco improvisado. Ese alarde era para él la gloria, porque dejaba en ridículo a los del otro equipo y además divertía a los mirones. Una vez sin embargo no tuvo suerte. Quizá se debió a que la pelota había alcanzado en esa ocasión una mayor altura y en consecuencia cayó con fuerza inusitada. Lo cierto fue que cuando el golerito estiró como siempre su camiseta para recibir la globa, la potencia que ésta traía venció irremediablemente aquella ostentación, se le coló entre las piernas y rodó sin apuro por el césped hasta cruzar la línea de gol. Los delanteros del cuadro contrario festejaron aquella conquista con saltos y risotadas. Algunos se apretaban la barriga de tanto reírse. Avergonzados, los compañeros del guardameta se retiraron silenciosamente hacia el centro de la cancha. Ninguno de ellos se acercó a consolarlo. Lo dejaron solo. De pronto mi viejo me tomó del brazo y dijo: «Mirá», señalando hacia la valla vencida. Miré, pues, y ahí estaba el pobre muchacho, llorando desconsoladamente junto a uno de los postes. No podíamos entrar en la cancha para animarlo. Además, el partido se había reiniciado. Él se secó las lágrimas con el puño cerrado y se colocó nuevamente en su puesto. Pero toda su gallardía, su vocación de espectáculo, se habían esfumado. Esa misma mañana le metieron tres goles más: uno directo de córner, otro de penal y el último como resultado de un *dribbling* ominoso que le hizo el entreala en la boca del arco. Por supuesto, fue su último partido. Quien lo sustituyó el domingo siguiente era bastante bruto, pero no tanto como para no advertir que le estaba terminantemente prohibido embolsar la pelota en la camiseta.

Un espacio propio

De todas las casas que hasta entonces habíamos ocupado, la de Capurro fue la primera que significó *un mundo* para mí, un espacio propio. Lo cierto es que hasta allí no había disfrutado de una habitación privada. Sin ser exactamente un altillo, estaba varios escalones más arriba que las otras piezas y tenía una ventana que daba al fondo de los vecinos (Norberto y sus padres). Allí había varios árboles, con sus correspondientes pájaros. El más cercano era una higuera, que en verano me proporcionaba sombra y también higos, cuya ingestión clandestina me produjo más de una diarrea. En realidad, no los hurtaba, ya que tenía autorización de Norberto (no la de sus padres, claro) para el consumo indiscriminado. La razón última de tanta generosidad era tal vez que a él los higos le repugnaban profundamente. Por otra parte, aquella enorme y hospitalaria higuera era nuestro puente: a través de sus ramas acogedoras yo ingresaba al territorio de Norberto, o él se introducía en mi cuarto; sin perjuicio de todas las veces que nos quedábamos en el árbol. Éste tenía dos conjunciones de gruesas ramas, construidas por el Señor (la interpretación era del neófito Norberto y no mía) a la medida de nuestras escuálidas asentaderas.

Allí hablábamos del mundo y sus alrededores. Especialmente de fútbol. Ambos éramos (y seguimos siendo, epa) hinchas de Nacional, a diferencia de Daniel, que era de Peñarol, y de Fernando, que era de Wanderers y en consecuencia, para los otros tres, adversario de poca monta.

Sin embargo, aunque predominante, el fútbol no era el único tema. También intercambiábamos impresiones sobre nuestros padres, hacia los cuales sentíamos una mezcla de devoción y de resentimiento, fundado este último en los límites (territoriales, lúdicos, verbales) que nos imponían y a pesar de que casi a diario vulnerábamos deliberadamente esas fronteras, mereciendo así, cuando nos descubrían, las bofetadas maternas de rigor (las paternas sólo nos alcanzaban en circunstancias particularmente graves). Por supuesto, en los últimos tiempos discurríamos infatigablemente sobre el Dandy, su muerte (ni siquiera entre nosotros dos nos atrevíamos a calificarla de «asesinato») y la misteriosa desaparición del cuerpo. Ése sí que era «cuerpo del delito», dijo cierta vez Norberto, haciendo gala de una osadía que francamente me sorprendió. En otras ocasiones, mucho menos frecuentes, hablábamos de temas escolares, particularmente de aquellos que nos resultaban impenetrables, como por ejemplo las ecuaciones de tercer grado o la partenogénesis en los pulgones.

Quiero aclarar que a esa altura ya no recibía clases de mi bienamada Antonia Vico, sino de un señor llamado Humberto Fosco, cuyas piernas (a casa venía de pantalones, pero una vez lo vi de bermudas en Pocitos), peludas y flaquísimas, jamás habrían podido competir con las de mi maestra, que últimamente había reaparecido en mis sueños y ensueños, y (debo dejar constancia de ello) ya no sólo con sus benditas piernas. Antonia Vico no había sido despedida. Yo no lo habría permitido, claro. Simplemente le sucedió una catástrofe: se casó. Le oí decir a mamá que el novio era «un muchacho muy apuesto», pero semanas más tarde Antonia lo trajo a que lo conociéramos, y francamente me pareció un flaco sin ninguna gracia. Ella advirtió que yo lo miraba con ojos rencorosos, y entonces, para mejorar el clima, le dijo al ahora marido, apoyando su mano en mi hombro: «Mirá, Amílcar, éste fue mi mejor alumno.» (Para colmo, se llamaba Amílcar. Algo insoportable.) El señor Fosco fue convocado entonces: debía prepararme para el ingreso a Secundaria.

La casa tenía un paisaje y también tenía un tacto. Los apagones no eran tan frecuentes como lo fueron años más tarde, pero de vez en cuando el barrio entero se sumía en las tinieblas. Mis padres usaban sus linternas, pero a mí me gustaba andar a tientas, sólo guiado por mis manos o en todo caso por mis pies descalzos. Tocar la casa, palpar sus paredes, sus puertas, sus ventanas, sus pestillos, contar sus escalones, abrir sus armarios, todo eso era mi forma de poseerla. Para mis padres siempre fue una casa meramente alquilada, pero yo no tenía demasiado claro el linde entre locación y propiedad, de modo que para mí la casa de Capurro fue *mi casa*.

Tenía asimismo un olor peculiar. Y no me refiero al de la cocina, que lógicamente variaba con los pucheros, churrascos, guisos y tucos en los que mi madre era experta. No, el olor a que me refiero era el de la casa en sí; el que exhalaban por ejemplo las baldosas blancas y negras del patio interior, o los escalones de mármol del zaguán, o las tablas del parquet, o la humedad de una de las paredes, o el que venía de la higuera cuando yo dejaba mi ventana abierta. Todos esos olores formaban un olor promedio, que era la fragancia general de la vivienda. Cuando llegaba de la calle y abría la puerta, la casa me recibía con su olor propio, y para mí era como recuperar la patria.

Soñar en colores

Si se exceptúa al Dandy, el personaje más relevante que Claudio conoció en Capurro fue el ciego Mateo Recarte. En esa época tenía veintitrés años y se hablaba mucho de él en todo el barrio. Se le tenía por estudioso e inteligente, y, a pesar de su carencia, por amable y bienhumorado. Tenía una hermana, dos o tres años menor, de la que también se hablaba bastante, aunque por otras razones.

María Eugenia era de una belleza singular. No se parecía a ninguna actriz o modelo famosas. Cuatro años atrás había sido elegida Miss Soriano, pero luego no quiso volver a competir en esos certámenes, por considerarlos demasiado frívolos. Todos pensaban que, de haberlo querido, ya figurarían en su palmarés los galardones de Miss Uruguay, Miss Mundo, Miss Universo y hasta Miss Galaxia, cuando los hubiera. Sus curvas eran perfectas, su estatura la ideal, su rostro podía haber sido elegido por Filippino Lippi para una de sus vírgenes. Su atractivo era tan intimidante que ninguno de los muchachones capurrenses se había atrevido a cortejarla, algo que no impidió que, años más tarde, cuando María Eugenia se casó con un «extranjero» (montevideano, pero del Cordón), la considerasen poco menos que una perjura.

Pero todo eso vino mucho después. Cuando Claudio trabó conocimiento con los hermanos Recarte, tendría diez u once años y a nadie le parecía mal que, cuando llegaba a la casa, María Eugenia le acariciase el cabello siempre revuelto o lo besase, a la europea, en las dos mejillas, algo que luego servía para que Norberto, Fernando y Daniel se burlaran, de puro envidiosos, y lo llamaran socarronamente «el novio de Miss Soriano». Él no se inmutaba y sólo les decía: «Ojalá.»

Aurora, la madre de Claudio, enviaba a veces a los Recarte algún postre especial o alguna tarta de manzanas, y por lo general usaba a Claudio como recadero, y éste, tras el intercambio ritual de sonrisas y besos con María Eugenia, se quedaba a conversar con Mateo. El ciego tenía para Claudio un atractivo especial. Le alucinaba imaginar cómo Mateo lograba comunicarse con el mundo. Llevaba a cabo sus encuestas con tal inocencia que el ciego aceptaba preguntas que, de haber venido de un adulto, le habrían fastidiado o le habrían parecido menospreciativas.

En uno de esos diálogos, el chico le preguntó si siempre había sido ciego, y Mateo le aclaró que no, sólo desde los diez años, a consecuencia de unos irreversibles desprendimientos de retina. «Así que antes veías los colores», confirmaba Claudio con euforia. «Por supuesto.» «¿Y ese recuerdo te ayuda a imaginar lo que te rodea?» «Sí y no. También los recuerdos se van borrando. A veces recuerdo el recuerdo del color, pero no el color mismo. ¿Vos te acordás de todo lo que aconteció cuando tenías seis años? ¿No te pasa que a veces recordás algo que ocurrió, pero no como evocación directa de tu

38

memoria, sino porque el episodio viene siendo repetidamente narrado, a través de los años, por tu madre o por tu padre? Al final, asumís tu papel como protagonista de esa historia contada, pero no desde el interior de ese protagonismo que alguna vez tuviste.»

A Claudio esa explicación lo superaba. Se le figuraba enigmática pero fascinante. Entonces agregaba: «¿Y soñás a veces?» «Sí, sueño a menudo.» «¿Y en los sueños, ves?» «Bueno, no sé si veo o creo que veo.» «¿Y soñás en colores?» «No siempre, pero en alguna ocasión. Lo que ocurre es que cuando despierto, tengo conciencia de que soñé con colores, pero no te sabría decir cuál es el rojo, el amarillo o el verde. Además, no siempre sueño que veo o creo que veo. Lo más frecuente es que intervengan en mis sueños los sentidos que aún poseo. O sea, sueño que palpo cosas, saboreo cosas, oigo cosas, huelo cosas.»

Otras veces le preguntaba sobre sus modos de comunicación con el mundo, ya no cuando dormía sino en plena vigilia. «No es tan distinto», respondía pacientemente Mateo, «también en esa situación mis cuatro sentidos válidos suplen y ayudan al otro, el que me falta. Es como si multiplicaran su eficacia.»

Normalmente, el ciego quería que Claudio le contara detalles de sus juegos, de su entorno familiar. Pero el muchacho no comprendía cómo a su amigo le podía interesar algo tan rutinario como la vida diaria de alguien que podía verlo todo y en consecuencia no necesitaba imaginarlo, cuando justamente ahí residía el encanto de la ceguera inteligente. Lo único que le parecía verdaderamente lamentable en la existencia de Mateo era que no podía contemplar la belleza de su hermana.

Claudio soñaba casi todas las noches. Pero fue a partir de esa extraña conversación con Mateo, que empezó a soñar en blanco y negro. Y bien, se conformaba, no siempre el mejor cine está en tecnicolor.

Los de Galarza

La casa de Capurro tenía asimismo claves y misterios. Por ejemplo, yo advertía que a veces, por lo común a la hora de la siesta, cuando mi padre se acercaba a mi madre y empezaba a cercarla con caricias, besos y abrazos furtivos, en ciertas ocasiones mi madre sonreía, le devolvía algún beso y luego ambos se encerraban por un rato largo en el dormitorio. Pero otras veces, cuando mi padre empezaba con sus arrumacos, mi madre se ponía seria y simplemente le decía: «Hoy no puedo, viejo. Vinieron los de Galarza.» Para mí esa respuesta era un enigma, porque yo había estado toda la mañana en casa y nadie había venido: ni los de Galarza ni los de ninguna otra familia. Además, yo no conocía a nadie que se llamara así. Sólo varios años después supe que Galarza era el nombre de un jefe *colorado*, durante los años de guerra civil y, según la leyenda, cuando sus hombres pasaban por algún poblado, los derramamientos de sangre eran inevitables. O sea que lo que mi madre le avisaba a mi padre (en clave, claro, debido a mi indiscreta presencia) era que estaba con la regla y en consecuencia no se hallaba en disponibilidad erótica.

El otro misterio era una suerte de puertatrampa, situada en una de las habitaciones interiores. Alguna vez le oí decir a mi madre que ese cuadrado de madera era la entrada al sótano. Yo tenía prohibido intentar abrirla; veda que se podían haber ahorrado, ya que los sótanos siempre me produjeron un miedo irracional y no sólo nunca me propuse abrirla sino que jamás, cuando entraba en ese cuarto, me arriesgué a pisar aquel terrible cuadrado de tablones.

Entre los recuerdos más lindos de Capurro están mis despertares, del que normalmente se encargaban los inquilinos de la higuera. Cuando mamá me gritaba desde la cocina para que me levantara y acudiera a desayunar, ya hacía un buen rato que los pájaros se habían encargado de despabilarme. Algunos habían perdido el miedo y hasta la prudencia y se introducían en la pieza y hasta se acercaban a mi cama, sabedores de que siempre les reservaba un desayuno de miguitas. Y había un visitante adicional, del que por supuesto nunca informé a mi madre: un ratón minúsculo, un minerito, que, casi siempre, cuando yo abría los ojos, estaba junto a mi cama esperando los trocitos de queso, restos de la ración que me correspondía en la dieta especial para subsanar mi déficit de proteínas. Es obvio que el minerito y yo tuvimos en ese período un repunte proteínico nada despreciable.

Safari al Centro

Por su ubicación tan particular en el plano de la ciudad, Capurro, más que un barrio, es un bolsón barrial, con un extremo en el nacimiento de la calle que da nombre al barrio, o sea en la avenida Agraciada (donde está la mansión en que vivía el presidente, y luego dictador, Gabriel Terra, y donde doblaban las vías del tranvía 22) y otro en el Parque. Aunque era cierto que su influencia se extendía más allá, casi hasta el arroyo Miguelete, en realidad el barrio propiamente dicho llegaba hasta el destino final del tranvía. Eso era muy corriente en aquellos tiempos. A diferencia de los autobuses, los tranvías abreviaban o ampliaban los barrios. El autobús podía cambiar de ruta, ir hoy por aquí y mañana por allá. Pero el tranvía, con la fijeza de sus rieles y de su trole, tenía un destino y un recorrido estables, predeterminados. Además, para un niño siempre era admirable ver cómo el conductor aceleraba o frenaba aquella mole de fierros viejos, sobre todo cuando permitía que una de las manijas diera vueltas y vueltas, en sentido contrario, como si ella misma decidiera tales movimientos. Por otra parte, los asientos de esterilla eran bastante duros, pero transmitían una sensación de seguridad. Y una virtud adicional: los tranvías nunca volcaban, como sí lo hacían los autos, los taxis, los camiones, las jardineras, y también, aunque menos frecuentemente, los autobuses.

Sí, Capurro era un bolsón barrial, casi una republiquita. Por algo la tendencia de sus habitantes era quedarse allí, expatriarse lo menos posible de aquel entorno familiar donde cada esquina, cada almacén, cada bar, eran como habitaciones de la casa.

Debido tal vez a ese clima doméstico, que afectaba tanto a adultos como a niños, Claudio y su barrita de amigos vivían enclaustrados en el bolsón. Ah, pero a veces salían, y era como ir al extranjero. Claudio hacía ese viaje generalmente con su padre, y entonces se quedaban toda la tarde en el Centro.

Al viejo siempre le gustaron los cafés y allí se encontraba con amigos de antes y de mucho antes. Los de mucho antes eran por lo general más pobres que los de antes. Pero con unos y con otros el viejo se palmeaba o abrazaba y se hacían bromas y recorrían episodios que para Claudio eran historia nueva.

Sobre el suicidio de Brum, por ejemplo, que era un hecho reciente, se hablaba en voz baja, «porque nunca se sabe quiénes son los de aquella mesa», y casi nunca coincidían. Unos decían que había hecho mal; otros, que no tenía otra salida. «El pobre pensó que con ese gesto el pueblo se iba a levantar», decía Rosas, obrero de algún frigorífico. «¿De qué pueblo me estás hablando?», replicaba un escéptico Menéndez, funcionario de Aduanas. «Este pueblo no se levanta con nada ni con nadie.» «Ajá», decía el otro, amoscado, «parecería que vos sí te levantaste.» «No jodas», replicaba Rosas, «yo tampoco

44

me levanto con nada. Por eso te lo digo. Con fundamento.»

Otras veces el tema estrella era el fútbol. Álvarez, el mayor de todos, un veteranísimo, había presenciado nada menos que el gol que Piendibeni le hizo al «divino Zamora», y con eso se sentía realizado para el resto de sus días (que seguramente no iban a ser muchos), tal como si hubiera sido testigo directo de la toma de la Bastilla o de la caída del Palacio de Invierno.

Otros admiraban a Petrone. «Pero eso fue ayer», protestaba Álvarez, minimizando el recuerdo cercano. «En cambio el gol de Piendibeni a Zamora, eso es historia patria, che, sólo comparable a la victoria de Artigas en Las Piedras, otra derrota española ¿no?» El hincha de Petrone no se daba por vencido: «Últimamente está muy duro para hacer moñas. Te juro que yo lo he visto tirar como veinte tiros al arco en un solo partido, de los que dieciocho iban a las nubes, pero, eso sí, los dos restantes, o sea los que habían embocado el arco, eran goles. Inatajables, porque todavía tira como un cañón. ¿O te olvidaste de que es el Artillero?» «Sí, mucho Artillero, pero Piendibeni…», insistía el fanático. «Y no te olvides de sus méritos extrafutbolísticos. En el 24, cuando se organizó un clásico Uruguay-Argentina en homenaje al príncipe heredero Umberto de Saboya que visitaba el Río de la Plata, Piendibeni se negó a jugar porque sus principios republicanos le impedían homenajear a una monarquía, aunque fuese italiana. ¿Qué te parece?» «¿Que qué me parece? Que mi abuelito fue un gran republicano y nunca pateó una globa, eso me parece. Alguien me dijo que Petrone tiene una mano bárbara para los *cannelloni alla*

45

Rossini, pero yo no te lo voy a anotar como virtud deportiva. Hay que ser serio, che.» Etcétera, etcétera.

Luego, ya sin los amigos, caminaban por Dieciocho, entraban en librerías, donde el viejo siempre compraba un par de libros. Tenía el vicio de leer. Además, cuando había que comprar calzoncillos o corbatas para él, o alguna tricota para Claudio, se metían en *London Paris*. Desde que se había casado, el viejo sólo compraba en esa tienda, «porque allí hay de todo». A Claudio lo deslumbraba la cantidad de gente que había en los comercios y en las calles. Por otra parte, los chiquilines que veía en el Centro le parecían más libres, más sueltos que los de Capurro. Es claro que siempre había alguno que se excedía en la soltura y se ligaba un tirón de pelo. Esa agresión Claudio la sentía como propia y hasta hacía una mueca de dolor, ya que él conocía esas torturitas. Mamá era experta en crueldades menores.

Además en la calle había perros, muchos perros, admirablemente educados, ya que esperaban la señal del «varita» para cruzar la calle en la esquina con esos otros peatones, los humanos. En lo único en que se parecían a los canes de Capurro era en su tratamiento de los árboles. Como Claudio había aprendido en el Diccionario de la Academia que el perro es un «mamífero carnicero, doméstico, de tamaño, forma y pelaje muy diversos, según las razas, pero siempre con la cola más o menos enroscada a la izquierda y de menor longitud que las patas posteriores, una de las cuales abre el macho para orinar», se entretenía en diferenciar a los machos de las hembras mediante la comprobación de esa calistenia congénita. De más está decir que se consideraba un especialista en la materia. Los gatos, en cambio, lo desconcertaban, y como sobre ellos el Diccionario no decía ni pío (es decir, ni miau), había renunciado a distinguir los gatos de las gatas, ya que ni siquiera había conseguido diferenciar el maullido masculino del femenino.

Regresaban tarde, a tiempo todavía para la cena, y mamá pedía que le describieran pormenorizadamente el safari. «Que te lo cuente él», decía el viejo, agotado por la caminata, y entonces Claudio, fresco como una lechuga, lo contaba todo, con una minuciosidad, un regocijo y un énfasis, que parecían inspirados en Carlitos Solé, cuando transmitía los partidos del Estadio Centenario, cuyo campo de fútbol había dividido previamente en cuadros numerados, de modo que uno podía seguir el juego como si se tratara de una partida de Capablanca versus Alekhine.

Malas noticias

Una tarde en que habíamos quedado solos en la casa, el viejo me llamó desde la cocina. Sin estudio y sin juegos, me sentía un poco aburrido, pero cinco minutos después se me había acabado el aburrimiento. Como todas las tardes, el viejo estaba sentado y tomaba mate. «Sentate», me ordenó. Me acomodé en el banco que me tenía destinado y empecé a preguntarme cuál sería el motivo de aquel llamado tan ceremonioso. ¿Qué habría hecho yo para que el viejo estuviera tan serio?

«Claudio», empezó, y eso me preocupó más aún, ya que el viejo rara vez me llamaba por mi nombre. Normalmente sólo me decía *botija*. «Tengo una mala noticia.» Tragué saliva y mi rodilla derecha empezó a temblar. «Ya no sos un chiquilín y creo que hay que decirte las cosas, aun las más tristes.» Me resultó sorprendente que mi padre, nada menos que mi padre, me expulsara sin más trámite de la infancia. Cualquiera podía darse cuenta de que yo era un niño, sin que importara demasiado la fecha de nacimiento que figuraba en mi cédula de identidad.

Y estalló la noticia: «Aunque no lo parezca, tu madre está muy enferma.» Antes de captar la gravedad de la mala nueva, inevitablemente detecté otra novedad:

comúnmente él decía *mamá* y no *tu madre*. De todos modos, mi rodilla derecha dejó de temblar. Ya no estaba para esas frivolidades. Durante un rato contuve el aliento. No como un ejercicio de la voluntad; sencillamente, no podía respirar. Sentía que mis pulmones reventaban de aire, pero no conseguía expelerlo. Al fin lo logré y pude preguntar: «¿Se va a morir?» Y el viejo, en tono bajo y con los ojos repentinamente llorosos: «Sí, se va a morir.» Junté fuerzas para inquirir si ella lo sabía. «No, sólo sabe que está muy enferma. Cree que puede curarse. Eso es, por otra parte, lo que le decimos el médico y yo.»

Sentí frío, un frío estúpido y absurdo, pues estábamos en pleno otoño, que es entre nosotros la estación más plácida, pero al menos me sirvió para comprobar que mis primeras lágrimas calientes bajaban por las mejillas heladas. Algo tenía que hacer, de modo que abandoné mi banco y me acerqué al viejo. Él dejó por fin el mate sobre la mesa y me abrazó larga, estrechamente. Otra primicia, ya que el viejo no era un sentimental y pocas veces me había abrazado.

Durante el abrazo yo sentía sus sollozos, pero recuerdo que no seguían el mismo ritmo que los míos. También recuerdo que el yesquero que él tenía en el bolsillo de la camisa me hacía daño en un hombro, pero por supuesto no dije nada. Cuando se apartó, vi que tenía en la mano un pañuelo blanquísimo, como recién comprado, y con él se secó los ojos, luego secó los míos, y hasta me lo puso en la nariz para que me sonara, igual que cuando yo tenía tres o cuatro años. «Una cosa te pido», dijo, «y es que ella no se dé cuenta de que vos sabés que está tan grave. Tratala como siempre, aunque te cueste.»

Dos horas más tarde, cuando mamá regresó con Elena, mi hermanita, el viejo y yo habíamos recuperado la serenidad, o más bien la máscara de la serenidad. Sin embargo, quizá porque ahora sabía la verdad, percibí por primera vez que mamá estaba pálida, demacrada, con los ojos cansados. Me acerqué y la besé. «¿Y eso?», preguntó, sorprendida. «Eso es porque te estuvimos extrañando.» Sonrió débilmente, sin creérselo. Pensé que no era un buen actor. Allá, en el fondo del patio, vi que el viejo se replegaba en la sombra. En ese momento, no sé por qué, tomé conciencia de que hacía muchos meses que mamá no le mencionaba al viejo que habían venido los de Galarza. Deduje que estarían de viaje.

La niña de la higuera (1)

En cuanto pude subí a mi altillo. Necesitaba estar solo para reflexionar sobre la situación. Permanecí un buen rato, desconcertado, sentado en la cama y mirando (sin ver) la higuera. Huérfano, pensé, voy a ser un huérfano. Una sensación extraña, de pena y abandono (no es nada sencillo quedarse sin madre a los doce años), pero también de asunción de una condición nueva. Ninguno de mis amigos era huérfano. Yo iba a ser el primero. También mi hermana iba a ser huérfana, pero era muy pequeña y apenas lo advertiría. Estuve llorando un rato, pero no sabría decir si era por la anunciada desaparición de mamá o por mi inminente orfandad.

Entonces alguien dijo: «¿Qué te pasa? ¿Por qué llorás?», y me sentí espiado, agredido en mi intimidad. Desde la higuera me contemplaba una chiquilina desconocida. Le pregunté quién era y me dijo que era Rita, prima de Norberto. Tendría uno o dos años más que yo. Lentamente se fue moviendo por las ramas hasta que llegó a mi ventana y desembarcó en mi cuarto. Por entre mis lágrimas pude ver que era bastante linda, que tenía una mirada dulce y que su relojito pulsera marcaba las tres y diez.

Me puso una mano en el hombro y volvió a preguntar qué me pasaba. «Mi mamá se va a morir», dije, con más angustia de la que en realidad sentía. «Todos nos vamos a morir», sentenció Rita. «Pero ella se va a morir muy pronto.» Y agregué: «Es un secreto. Nadie lo sabe. No vayas a contárselo a Norberto, porque entonces se entera todo el barrio, empezando por el cura.» «Podés estar tranquilo. No lo diré a nadie. Fijate que ni siquiera tengo confesor.» Este último detalle me infundió confianza.

Se sentó a mi lado, en la cama. «No tengas vergüenza de llorar. Hace bien. Elimina toxinas. Por eso las mujeres vivimos más que los hombres. Porque lloramos más.» Su sabiduría me dejó pasmado. Sin embargo, saqué cuentas: el viejo no lloraba casi nunca y mamá sí, y sin embargo ella, a pesar de todas las toxinas que había eliminado, se iba a morir antes que él. De esta deducción no le dije nada a Rita, nada más que para no desanimarla.

Entonces me pasó su mano (suave, de dedos finos y un poco fríos) por la mejilla todavía húmeda, y luego esa misma mano presionó levemente hasta que mi cabeza quedó apoyada sobre su pecho. Me sentí confortado y confortable. Una extraña paz (no estática sino activa) comenzó a invadirme. Aquella mano tranquilizadora me acarició las sienes, los labios, el mentón. A esa altura yo ya estaba en la gloria y la pena casi se me había esfumado, pero comprendí vagamente que la congoja había sido después de todo una buena inversión, de modo que seguí transmitiendo pesadumbre.

Rita tuvo entonces un gesto que puso punto final, ahora sí, a mi infancia: me besó. En la mejilla, junto a la comisura de los labios, y se demoró un poquito en aquel contacto. Tengo la impresión de que ése fue mi primer borrador de felicidad. «Me gustás, Claudio», dijo. «Norberto habla muy bien de vos. Sos su mejor amigo.» «¿Vos también vas a ser mi amiga?» «Claro, ya lo soy. Lástima que me voy mañana.» O sea, el infierno tras el paraíso. «¿A dónde te vas?» «A Córdoba, en Argentina. Vivo allí.» «¿Y no vas a volver?» «No lo creo.» Entonces yo también la besé en la mejilla, cerca de los labios, y ella sonrió, buenísima. Creo que le gustó. Sentí una agitación nueva, una euforia casi heroica. No era todavía, por razones obvias, una excitación sexual, digamos que era una emoción pre erótica. De todos modos, mucho más intensa que la que en otros tiempos me provocara Antonia.

Rita se puso de pie, se acercó a la ventana, y moviéndose rápidamente entre las ramas de la higuera, regresó al patio de Norberto. Desde allí abajo me saludó con la mano. Yo sólo la miré, desolado.

Adiós y nunca

El que se va se lleva su memoria,
su modo de ser río, de ser aire,
de ser adiós y nunca.
ROSARIO CASTELLANOS

La etapa terminal de mamá duró seis meses, en realidad dos más de los pronosticados por el médico. Nunca supe cuál había sido el mal ni quise averiguarlo. Durante el velorio, oí que alguien hablaba de células tumorales, pero eso para mí no significaba nada. Lo cierto es que se fue apagando lentamente. Al principio se empeñaba en desempeñar algunas tareas de la casa, las más livianas, pero luego pasaba largas horas en la cama, sin leer ni escuchar la radio. Generalmente permanecía con los ojos cerrados, pero no dormía. Elenita se acercaba a la cama en puntas de pie, pero ella de todos modos advertía su presencia y le hacía preguntas, que mi hermana, impresionada por aquella quietud, respondía sólo con monosílabos. Luego le decía: «Ahora dejame, Elenita, que mamá está cansada.»

También yo me acercaba y ella me miraba muy triste, pero rara vez lloraba. Me decía cosas más o menos intrascendentes, como por ejemplo: «Tenés que ayudar a tu padre. A él le cuesta mucho ocuparse de la casa. Ayudalo hasta que yo me cure ¿eh?» O también: «No descuides el estudio. Eso es lo más importante.» Era su forma de hacernos creer que no sabía que el final estaba cerca. Durante esos últimos seis meses jugamos todos una partida de engaño contra engaño. La hipocresía piadosa.

A menudo venían a acompañar a mamá la prima Rosalba y la tía Joaquina, pero la cansaban con su cháchara y sus chismes, tanto que el viejo habló con ellas y con el resto de la parentela para pedirles que no se quedaran mucho tiempo, ya que después de cada visita mamá quedaba exhausta y el médico había indicado que la dejaran tranquila. La tía Joaquina lo tomó como una agresión del viejo (nunca se habían llevado bien) y tanto ella como mi prima Rosalba dejaron de venir.

También llegaba a veces el abuelo Javier (el viejo no se atrevía a limitarle las visitas a su hija) y con la sana intención de animarla le contaba chistes (tenía una colección interminable) pero sólo conseguía que la enferma se sonriera con desgano, como una última muestra de amor filial.

Mamá murió un domingo, a las tres y diez de la tarde. Ya hacía como una semana que no hablaba, y cuando abría los ojos, uno no sabía si miraba algo o a alguien, o simplemente nos informaba que aún existía. Antes de morir, no pronunció ninguna de esas frases dignas de ser recordadas por los deudos ni dio ningún consejo final y perentorio. Simplemente dejó de respirar.

Era el segundo cadáver de mi historia. El primero había sido el Dandy. Curiosamente, cuando Norberto, Daniel y Fernando se aparecieron por el velorio, surgió el nombre del Dandy, al que hacía un buen tiempo que (así fuera a modo de exorcismo) no mencionábamos. Lo cierto era que el rostro de mamá en el féretro era muy distinto al del Dandy allá en el Parque. Mamá tenía una expresión tranquila, como de descanso final y bienvenido, en tanto que el Dandy había terminado con una mueca de angustia. El viejo le pidió a su hermano, el tío Edmundo, que se ocupara de funeraria, velatorio y sepelio, y él se encerró en la cocina a tomar mate. No quiso ver a nadie.

Elenita andaba por la casa como una almita en pena, así que me la llevé al altillo y le estuve hablando de temas serios, aunque no siempre relacionados con la muerte. A sus ocho años, estaba totalmente desconcertada ante esa imagen de mamá inmóvil, sorda y muda. «Elenita», le dije mientras la acariciaba, «eso es la muerte: la quietud total, la sordera total, la mudez total. Y no pensar. Ni soñar.» «¿Y sentir dolor?», preguntó en medio de un puchero que me conmovió. «No, tampoco sentir dolor.» En un primer momento, aquello pareció conformarla, pero de pronto vio la higuera. «Ves, Claudio, la higuera no se mueve, no oye, no habla, no piensa, no sueña, no siente dolor, pero está viva ¿no? A lo mejor mamita está como la higuera.» Siempre he sido un mal perdedor, así que le dije: «No, Elenita, la higuera no es una persona. Sigue otras leyes.» Eso de las leyes, como no pudo entenderlo, la impresionó bastante, así que por suerte se calló.

Juliska habla castellano

Aunque jamás habría osado curiosear en ninguna de sus páginas, yo sabía que el viejo escribía casi diariamente en unos cuadernos, en cuyas tapas había siempre una etiqueta: *Borradores.* ¿Qué anotaría allí? Nunca lo supe, pero a partir de la enfermedad de mamá, el viejo suspendió esa tarea y guardó aquellos cuadernos bajo llave.

Sólo al día siguiente del entierro, papá dejó su fortaleza de la cocina y se reintegró a la vida familiar. Ya hacía unos seis meses que se había incorporado a la misma una yugoeslava cuarentona, llamada Juliska (se pronuncia Yuliska), que se encargaba, con un denuedo digno de mejor causa, de todos los quehaceres domésticos. A Elenita y a mí nos trataba con bastante severidad y un rudimentario castellano, cuya confusión de géneros derivaba en un involuntario efecto humorístico. Sus caballitos de batalla eran frases como ésta: «Qué diría madre suya si lo viera con el camiso sucio.» Pero madre mía ya no estaba.

Juliska formaba parte de una migración de mujeres eslavas, que, huyendo de la miseria y otras bagatelas, llegaban en los años treinta en barco a Montevideo. Una vez en tierra, se sentaban en la acera para allí ser elegidas por señoras montevideanas que las contrataban para el servicio doméstico. Durante el viaje aprendían rudimentos de castellano, más bien palabras sueltas, que usaban después de un modo caótico, pero sin la menor timidez. En vista de la enfermedad de mamá, una vecina se había ofrecido para ir al puerto y allí había elegido a Juliska, que resultó, después de todo, una buena elección. Tenía un aspecto de campesina, sana y fuerte, y se peinaba con unos rodetes que luego sujetaba (nunca supe cómo) sobre la nuca.

En sus últimas semanas a mamá le habían molestado los ruidos, de modo que el estado normal de la casa era el silencio. Éste siguió vigente durante largas semanas tras la muerte de mamá. Todos hablábamos lentamente y en voz baja. Era un silencio compacto, inexpugnable. Una suerte de luto oral, que llegó a resultarme asfixiante. A veces Elenita subía a mi cuarto en las alturas, cerrábamos la puerta que comunicaba con el resto de la casa y entonces, con una sensación de alivio, hablábamos como antes.

Lo curioso era que nadie había impuesto aquel silencio (salvo mamá, en sus últimos tiempos) y sin embargo todos lo acatábamos. Eso fue así hasta una tarde (nublada, fría) en que llegó el viejo de su trabajo, nos reunió a todos en la cocina (que era algo así como su despacho) y nos comunicó: «Basta de susurros. Desde hoy, en esta casa, todos hablaremos como personas normales.» Juliska fue la primera en acatar gozosamente la orden: «¡Qué buen noticio!», dijo a los gritos. «Ya estaba aburrido de tanta silencia.» En ese instante, las nubes se movieron allá arriba y el sol invadió el patio.

Durante los seis meses de luto oral yo había salvado mi examen de ingreso a Secundaria (como era de esperar, las felicitaciones no fueron para mí sino para el señor Fosco) y ya concurría regularmente al Liceo Miranda, de la calle Sierra. Era algo mayor (un año, o algo menos) que casi todos mis compañeros de clase, debido a que, en mi larga convalecencia, había perdido todo un período de clases. No obstante, la diferencia no se notaba, ya que en ese tiempo era bastante menudo.

Así y todo integré, confieso que con pobres resultados, el equipo de básquetbol, pero en cambio participé con éxito en la jornada inaugural de la Plaza de Deportes, la que quedaba frente a la iglesia de la Aguada. Corrí en 400 metros llanos y le gané por varios metros al *Conejo* Alonso, que era el atleta número uno del Liceo y el favorito de las chiquilinas. Al final de la carrera, ellas no se acercaron para felicitarme sino que lo rodearon a él para consolarlo. Fue mi primer diploma de injusticia social. De cualquier manera, el *Conejo* no me perdonó esa afrenta, así que el año siguiente, en aras de la paz universal, dejé que me ganara (sólo por media cabeza, eh) en los 800 llanos. Desde entonces fuimos buenos amigos y en varias ocasiones permití que me copiara en las pruebas escritas, particularmente en las de Matemáticas.

Cuando me encontraba con Norberto (que iba a la Sagrada Familia), con Daniel (inscripto en el Elbio Fernández) o con Fernando (alumno del Liceo Francés), no hablábamos de estudios sino de fútbol. A veces íbamos todos al estadio y el tema nos duraba para toda la semana. Pero una vez que Norberto trepó por la higuera y se introdujo en mi habitación, consideré que era el momento de preguntarle por su prima. «¿Qué prima?» «Rita.» «Yo no tengo ninguna prima.» «¿Cómo? ¿No tenés una prima Rita que vive en Córdoba?» «Te digo que no. ¿De dónde sacaste ese disparate? ¡No tengo primas! Ni siquiera primos, así que no me inventes uno, mañana o pasado.»

Ya no recuerdo qué agregué para justificar mi interés, pero el tema quedó ahí, sin otra explicación, con la higuera como testigo implicado. ¿Quién podía saber mejor que yo que Rita era una chiquilina de carne y hueso? Yo no había soñado su presencia en mi altillo. Además, me había besado y los fantasmas no besan. ¿O sí?

Fiesta en el barrio

Lo que me temía: el viejo empezó a hablar de una nueva mudanza. Es cierto que la casa de Capurro, sin mamá, no era la misma. Pero, así y todo, era *mi* casa. ¿Dónde encontrar otra habitación con una higuera que llegara a mi ventana? Capurro era *mi* barrio. Allí estaban mis amigos, el Parque, la cancha de Lito. Sólo Juliska me apoyaba: «¿Para qué mudanzo? Esta barria es bien linda. ¿Dónde van y consiguen un caso como esto? Grande, barato, cinco piezos.» Pero el viejo quería irse. Decía que cada rincón de la casa le recordaba a mamá y él quería terminar de una vez por todas con aquel duelo enfermizo. Me impresionó que dijera enfermizo. Quería vivir de nuevo, agregó. «Además, no sólo quiero cambiar de casa sino también de barrio.» Yo le preguntaba, sin mayor esperanza, ya que estaba verdaderamente tozudo: «¿Y no vas a extrañar la cocina y el mate?» «El mate lo llevo conmigo y cocina hay en todas partes.»

Sólo cuando me convencí de que la cosa iba en serio, di comienzo a mis adioses. Al barrio, a la calle, a los amigos. Para empezar, el sábado fui a la cancha de Lito. Jugaba el equipo local contra Fénix, su vecino. Todo un clásico. La misma gente que jugaba noche a noche al truco en los bares, compartiendo cervezas o grapas con limón, y festejando los aciertos y las metidas de pata con grandes risotadas, allí en la cancha se odiaban con unción y perseverancia y hasta podían llegar a las trompadas. Como suele suceder en estos casos, nunca faltaba un apartador que por lo general recibía alguna piña perdida y a pesar de ello les recordaba cuanto tenían en común. A regañadientes los rivales se daban la mano y la paz reinaba por lo menos hasta el segundo tiempo.

Esa tarde el Lito batió ajustadamente al Fénix, mediante dos jugadas excepcionales. Primero fue el «gol antológico» (así lo definió el cronista deportivo de *El Diario*, único órgano de prensa que se ocupaba con cierto detalle de las divisiones inferiores) conseguido por el Ñato, que eludió a siete u ocho adversarios y, enfrentado al golero, emitió un zurdazo descomunal que dio en el palo, haciéndolo temblar, y luego, con el arquero ya totalmente descolocado, introdujo con suavidad («con vaselina», dijo el cronista de marras) la globa junto al poste izquierdo. Sólo un minuto después llegó un contraataque del Fénix, y el Lobizón derribó, hachazo mediante, al *centreforward* de ellos, en medio del área penal y en las mismas narices del árbitro, quien no tuvo más remedio que pitar con solvencia y señalar de inmediato el punto fatídico. El artillero del Fénix, un infalible en la ejecución de la pena máxima, mandó el balón en forma impecable hacia un ángulo del arco, pero el golerito litense, una reciente promoción de la cantera, voló hacia aquel proyectil envenenado y lo bajó hasta su garganta, en medio de ese griterío tan peculiar que suele estallar a continuación del pánico. Como faltaban apenas siete minutos para el final, la hinchada del Lito invadió la cancha y hubo que esperar un cuarto de hora para que se pudiera jugar ese brevísimo resto. Menos mal que los hombres del Lito llevaron a cabo una impresionante retención de pelota, ya que el golerito recién estrenado, como consecuencia de la incontenible efusión de los hinchas, había quedado rengo y medio tuerto, condiciones que no suelen ser las ideales para un guardameta. En cualquier partido normal, el entrenador lo habría reemplazado por el suplente, pero ese domingo el Lito no tenía entrenador (su mujer estaba de parto primerizo) ni golero suplente (en realidad, el atajapenales era el suplente, ya que el titular había caído con rubeola, dolencia que entonces estaba de moda). De modo que el único recurso era lograr que los codiciosos delanteros del Fénix no llegaran hasta el arco del Lito. Y no llegaron.

La algarabía barrial duró hasta la madrugada y en los bares de la calle Capurro y alrededores, hubo un consumo extraordinario de caña, vino tinto y hasta sidra, gracias a varias vueltas de las que se hizo cargo un platudo socio fundador del club victorioso.

Como broche de oro, a eso de la medianoche hizo su aparición el entrenador primerizo, ya bien borrachito, que en mitad de la calle abrió los brazos y gritó entre risas, hipos y estertores: «¡Fue varón, muchachos, fue varón!» Frente a esa lotería de felicidades, al platudo socio fundador no le quedó otra alternativa que pagar otra vuelta, esta vez de champán.

Considerada asimismo como mi personal despedida del Lito, aquella jornada no estuvo nada mal. Esta vez había ido a la cancha sin el viejo, que aún no estaba maduro para nuevas emociones, y volví tardísimo a casa. Ya hacía una semana que tenía llave propia, de modo que pude entrar discretamente y escabullirme en silencio hasta mi habitáculo. Por otra parte el champán (yo también había ligado dos copas) se me había subido al jopo y me hacía ver dos escalones por cada uno de la escalera, de manera que si no me derrumbé en la subida fue porque Dios y/o Lito son grandes.

Solamente Juliska detectó al día siguiente mi calaverada: «Llegar noche usted tardísima», me susurró mientras preparaba el desayuno. El viejo, que ya estaba con su mate, la oyó (mamá siempre decía que el viejo tenía «un oído de tísico») y dibujó una sonrisa condescendiente, a los costados de la bombilla. «Me imagino que habrá ganado el Lito. Qué escándalo.» Me dolía un poco la cabeza, pero le conté sumariamente las peripecias del partido (el gol del triunfo, el penal atajado) y de la celebración, exceptuando naturalmente mis libaciones. Creo que disfrutó con el relato. Aunque su adhesión intelectual era para Defensor, su corazón barrial todavía era del Lito.

El Parque estaba desierto

Después salí a la calle. Todavía era temprano, y tras la farra de la víspera, todo el mundo dormía la mona en las casas. Además, era domingo. Yo quería despedirme del Parque. Soplaba un aire fresco, que terminó de despejarme. Cada vez que me acordaba del champán, me venía un amago de náusea, pero al cabo de tres o cuatro cuadras empecé a sentirme mejor.

También el Parque estaba desierto. Desde el «episodio» del Dandy y mi posterior pesquisa individual no había vuelto, pero yo tenía que despedirme. Y despedirme a solas, sin los otros. El Parque había sido, desde que nos habíamos instalado en Capurro, un lugar muy importante para mí. Cuántas corridas, cuántas batallas. Nuestros escondites tradicionales estaban ahora llenos de hojas secas, y allí donde quedaba algo de musgo se veían algunas gotitas que podían ser de rocío o de alguna llovizna tempranera. De pronto se introdujo por entre las hojas de los árboles un sol intermitente. Fue en ese momento, frente a esa belleza inesperada, que sentí un nudo en la garganta, y ya no eran efectos del champán.

Tuve conciencia de que algo terminaba, que con esa llave que el viejo me había confiado días atrás también estaba clausurando mi infancia. Me senté sobre un leve montículo con pastito. Estaba húmedo y la sensación del frío me traspasó los pantalones, todavía cortos, pero no me levanté. Me puse insoportablemente cursi (ahora lo veo así, pero no aquel domingo) y sentí que esa humedad o las gotitas del musgo eran como las lágrimas del Parque, eran su estilo peculiar de despedirme. El Parque y mi infancia se fundieron en una imagen que también era gusto, olor, tacto, sonidos. Unos cuantos gorriones recorrían sus propias rutas, que no siempre coincidían con las que habían sido nuestras. Se detenían, me miraban, a veces llegaban hasta mis zapatillas verdes, pero no se intimidaban. También había abejas, pero éstas siempre me preocuparon, debido a que una vez sufrí sus picaduras y estuve tres días con la cara hecha un globo. La única defensa era quedarme inmóvil. Anduvieron por mi antebrazo, que se puso erizado, y tras una prolija inspección se alejaron en busca de terrenos más propicios. Sólo entonces me moví y los gorriones huyeron, espantados. Seguramente hasta ese momento habían creído que yo era un árbol, pero todos los días (aun en el mundo gorrional) se aprende algo nuevo.

Durante otra media hora el Parque y yo lloramos nuestros adioses: él, con su rocío que se iba evaporando, yo con unas pocas lágrimas que rápidamente se secaron. De pronto tuve conciencia de que me estaba sintiendo como un personaje de De Amicis y ahí acabó el sortilegio. Yo no era personaje de nadie. Caminé hasta la calle y ya era otro, es decir yo mismo.

Estaba cerca de casa cuando me encontré con Fernando. Le conté que el viejo quería mudarse y que pronto dejaríamos el barrio. Su respuesta me tomó de sorpresa: «También nosotros nos vamos. Es probable que volvamos a Melo». «¿Y los liceos?» «No sé. Na da está decidido. Puede ser que nos dejen con un tío de la vieja.» «¿Y Daniel qué dice?» «Daniel quiere quedarse y yo también, pero vos sabés cómo son estas cosas. Los que deciden son ellos.»

Ya junto a mi casa apareció Daniel, que precisamente había ido a buscarme. Él, que siempre lucía tan seguro con su erudición detectivesca, ahora estaba gris y compungido. Para ellos también Capurro había sido un hogar ampliado. «¿Cómo haremos para comunicarnos, para encontrarnos?», preguntó Fernando. «Ya lo arreglaremos», dije. Pero nunca lo arreglamos. Y cuando dejamos Capurro y el Parque y la cancha de Lito y el «episodio» del Dandy, también dejamos allí nuestra amistad. Sólo varios años después me encontré con Daniel y todo fue distinto. Ambos medíamos como veinte centímetros más, él usaba anteojos y yo tenía bigotes; se había peleado con Fernando y hacía ya mucho tiempo que no se hablaban. Yo había dejado los estudios y él (que ya no leía novelas policíacas) seguía Notariado. Sus padres se habían divorciado. Fernando era árbitro de fútbol. Y, lo más curioso, ni ellos ni yo habíamos vuelto a Capurro, ni siquiera para un rescate de recuerdos. Como si hubiéramos congelado las nostalgias y no nos atreviéramos a cotejarlas con las nuevas realidades.

Pero todo eso fue después, mucho después. En aquella mañana de domingo los tres estábamos convencidos de que aquel mundo peculiar que habíamos creado y disfrutado nos seguiría cobijando y relacionando.

A Fernando y Daniel también les habían confiado, como a mí, las llaves de su casa, justamente las casas que íbamos a dejar, esas que pronto cerrarían sus puertas para abandonarnos a la buena (o a la mala) de Dios.

Hasta la vista

Despedirse de Mateo fue para Claudio casi más difícil que despedirse del Parque. El ciego le hablaba siempre como si él tuviera cinco años más; quizá porque sólo podía guiarse por su voz, por sus preguntas acuciosas, por su curiosidad movilizadora. El mero hecho de que el diálogo circulase por un nivel más elevado que el de sus conversaciones familiares o el de la convivencia barrial hacía que Claudio tensara su atención y aun, en una inesperada consecuencia física, estirase el pescuezo, como si ese afán le ayudara a comprender más y captar mejor lo que el ciego le decía.

Era indudable que Mateo poseía una formación y una información culturales poco frecuentes en un muchacho de su edad. Sus padres disfrutaban de una posición económica relativamente buena (tenían productivos campos en Durazno, atendidos por dos sobrinos muy eficaces, que les aseguraban una renta estable) y estaban en condiciones de proporcionarle todos los elementos e instrumentos culturales que él les reclamaba. Leía en Braille a una velocidad increíble, tenía un excelente equipo discográfico y un aparato de radio con un notable alcance en onda corta. Hablaba inglés y francés y se entretenía en apuntalar esos conocimientos escuchando los boletines informativos de la BBC y la onda corta francesa.

«¿Así que nos abandonás?» El tono algo melancólico de Mateo no era fingido. Se había acostumbrado a las frecuentes pláticas con aquel chico despierto y por eso mismo vulnerable. Le habría gustado seguir transmitiéndole dudas y certezas, a fin de crearle defensas para los años próximos, cuyo desarrollo él no veía (mejor dicho, no imaginaba) con claridad.

«¿Y a dónde te llevan?» «A Punta Carretas. Junto a la Penitenciaría.» «No la mires demasiado, eh. Esos mundos cerrados y a la vez prohibidos suelen tener un poder de atracción. Ahí en Punta Carretas tenés en cambio el faro. Mejor dedicate a él, así algún día me contás qué es lo que ilumina y cómo lo ilumina. Los ciegos, como no vemos los muros (apenas los tocamos), descubrimos, o tal vez inventamos, otra dimensión de la libertad, tenemos más tiempo que los videntes para pensar en ella. Nuestras nostalgias no son neutras. Por ejemplo ahora, frente a lo que me contás sobre tu nuevo barrio, no tengo ganas de imaginar los muros de la cárcel, pero sí me gustaría ver (ya no simplemente imaginar) la intermitente luz del faro.»

Mientras hablaba, Mateo movía las manos, a veces se oprimía los dedos. Claudio, sin la menor noción de lo inoportuno, le preguntó por qué movía tanto las manos. «María Eugenia suele preguntarme lo mismo y no sé contestarle con propiedad. A veces lo hago conscientemente y otras no. Acaso sea un modo extraño de ubicarme en el ambiente, de situarme en el aire. ¿Quedo muy ridículo cuando muevo las manos?» «No, no te lo dije por eso», aclaró con énfasis el chico, que se había puesto colorado como un tomate. «Simplemente, me llamó la atención, porque lo percibí como un lenguaje que no siempre entendía.» «¿Ves? Ahora el matiz de tu voz me indica que los cachetes se te han coloreado.» Claudio se puso más rojo aún. «No te avergüences de ninguna pregunta, si es sincera. Generalmente son las respuestas las más acreedoras de vergüenza, porque en ellas es más común que aparezca la doblez: que pienses algo pero digas lo contrario. Ése es otro de nuestros escasos privilegios: creo que los ciegos detectamos mejor la hipocresía. El hipócrita puede disimular su doblez con un gesto, una mirada, un guiño, y así rodearse de un aura falsa de sinceridad frente al interlocutor desvalido. Pero a nosotros sólo nos llega del hipócrita la voz, la voz sin maquillaje, tal como es, con su mentira a la intemperie.»

Claudio quedó en silencio, con la cabeza baja y los puños crispados. Después dijo: «¿Alguna vez notaste que yo te mentía o no te decía toda la verdad?» Mateo soltó la risa. «No te preocupes. Sos un chiquilín franco, limpio, de buena fe. Por eso me gusta hablar contigo.» Claudio levantó la cabeza y aflojó los puños, pero su amigo agregó: «Una sola vez me pareció, no que me mentías sino que no me decías toda la verdad. Fue aquella tarde que me contaste lo del Dandy, cuando lo encontraron en el Parque. ¿Estaba realmente dormido?»

A Claudio la voz se le puso ronca: «No. Estaba muerto. Si no te lo dije no fue porque desconfiara de vos, sino porque los cuatro habíamos jurado no hablarlo con nadie.» «Está bien, pero entonces, ¿por qué lo hablaste conmigo?» «Porque sabía que no lo ibas a comentar.»

71

«Uy, qué complicado. Y sin embargo no me dijiste toda la verdad.» «No, y estuve mal.» «Tal vez lo mejor habría sido que no me contaras nada. Las verdades a medias son sobre todo mentiras a medias. Pero no te preocupes. Ya pasó. Y además no se lo dije a nadie.»

La luz eléctrica hizo en ese instante su ritual guiñada de las ocho. «¿Son las ocho, verdad?», dijo Mateo, y Claudio optó por no asombrarse. Simplemente dijo: «Sí, y por eso tengo que irme. En realidad no vine exactamente a despedirme. Es sólo un adiós por ahora. Más de una vez vendré a verte.»

«Hasta la vista, entonces», dijo Mateo, como burlándose de sí mismo.

Incompatibilidades

En realidad, un nuevo cambio que tuvo el viejo en su trabajo (lo nombraron administrador de un buen hotel de Pocitos) había decidido nuestro próximo destino. Nos mudamos a Punta Carretas, calle Ariosto, al costado de la cárcel. Precisamente esa vecindad poco esplendorosa abarataba el alquiler. Por otra parte era una casa amplia, de modo que el viejo, a fin de equilibrar el presupuesto, decidió subarrendar una de las habitaciones que daban a la calle y que se prestaba para esos fines, ya que tenía balcón y un bañito particular.

Después de haber comparecido varios postulantes, con los que el viejo no llegó a un acuerdo, la subinquilina resultó una estudiante avanzada de Arquitectura. Se llamaba Natalia, era chilena y tenía un novio («o algo así», definió la lengua viperina de Juliska), compañero de Facultad, que venía a estudiar con ella casi todos los días.

Desde el pique, Juliska y Natalia no se llevaron bien, y como la yugoeslava dejó bien claro que no se ocuparía del aseo de la habitación y el bañito de la chilena ni tampoco le cocinaría, cuando Natalia venía a la cocina (a la que tenía pleno derecho), a prepararse algún plato, Juliska se retiraba a su pieza de servicio y allí se confinaba hasta que la otra le dejaba el campo libre. Ante ese conflicto, el viejo se mantenía ajeno y neutral, pero Juliska trataba de involucrarme y diariamente me venía con chismes sobre Natalia. «No es decenta. No es decenta. Ese novio no es novio sino macha. Verá usted ella sale embarazado.» La forma de hablar de Juliska, con esa confusión sistemática de géneros, que·para el viejo, para mi hermana y para mí constituía algo así como un dialecto incorporado al habla familiar, a Natalia la hacía doblarse de risa y pocas veces podía ocultarlo. Después, cuando llegaba el novio, Enrique, o Quique como ella lo llamaba, Natalia imitaba a la yugo y las carcajadas del otro llegaban hasta la cárcel. Y aunque Juliska no atribuía esos festejos a la parodia de su habla (en el fondo consideraba que su castellano era de Academia), tampoco la hacían feliz esas risotadas, que según ella eran «bastardos y soezos».

El Buen Trato

Del otro lado de la cárcel, exactamente sobre la calle Solano García, vivían mi abuelo Javier y mi abuela Dolores, la enferma permanente. Su vivienda, bastante modesta, quedaba entre los fondos de la iglesia (Nuestra Señora del Sagrado Corazón) y el local que había ocupado la ya célebre carbonería *El Buen Trato*, donde se fraguó y llevó a cabo la fuga de Rosigna, Moretti y otros presos, gracias al túnel que se cavó desde la carbonería.

Me divertía visitar a los abuelos. En los fondos de la iglesia había un amplio patio cerrado. Un muro de ladrillos lo separaba de la calle, y un alto tejido de alambre, de la casa de los abuelos. Allí los curas se recogían las sotanas, y los domingos, después de la misa de once, jugaban al fútbol con la muchachada del barrio, que concurría a la iglesia a confesarse y comulgar, no tanto para consustanciarse con el cuerpo de Cristo como para jugar al fútbol con sus confesores y guías espirituales, que además (detalle no despreciable) eran los dueños de la pelota.

A la vista de aquellos partidos, yo pensaba que a su vez los confesores tendrían que confesarse, ya que matizaban el juego con palabrotas nada evangélicas y hasta llegaban a propinarle algún moquete al blasfemo que se atrevía a contener los avances eclesiales con un *foul* demasiado brusco. Los curas ganaban siempre, como correspondía, pero los muchachos gozaban viéndolos tan eufóricos y arbitrarios. De vez en cuando, uno de los más osados le decía al cura-zaguero de turno: «Acuérdese, padre, de que hay que poner la otra mejilla», y el padre respondía, sudoroso: «La otra mejilla sí, cretino, pero no la otra pierna. Si me das otra patada, te expulso y te mando a rezar diez padrenuestros y veinte avemarías.»

No obstante, lo que más me divertía era la versión del abuelo (sobrepuesta a la de la abuela) sobre la fuga de los anarquistas. «Tu abuela, que tiene buen oído y padece de insomnio, escuchaba por las noches unos ruidos extraños en el local vecino, y siempre me decía: Ésos no son carboneros ni nada que se le parezca. Yo le replicaba: He sido testigo de que venden carbón. Y ella: Como si vendieran lechugas. Esos tipos tienen una maquinita y por las noches fabrican billetes. Ya lo vas a ver. Mantuvo su tesis empecinadamente. Cuando venía un camión por la calle del fondo y los de *El Buen Trato* cargaban bolsas y más bolsas, tu abuela decía: ¿No te parece una carbonería un poco extraña? En vez de traer carbón, se lo llevan. Esas bolsas deben estar llenas de billetes falsos, esos que fabrican por las noches con una maquinita que no me deja dormir. Yo le decía que no, que esas bolsas eran para el reparto del carbón a domicilio. Y ella: Es la primera carbonería que reparte los domingos. ¿Te fijaste que el camión viene sólo los domingos? Bueno, después todo se aclaró. Las bolsas no contenían billetes falsos sino tierra verdadera, la que extraían para hacer el túnel.»

El abuelo me había contado la historia una y otra vez, claro que siempre con algún cambio. Creo que al final se hacía un enredo con la realidad, la versión de la abuela y lo que su propia imaginación añadía. Lo cierto es que el día de la fuga él los había visto salir por el fondo de la carbonería y subirse a un auto que los aguardaba en la calle de atrás, o sea Joaquín Núñez, un poco más adelante de donde estacionaba el camión de los domingos. Le había sorprendido que aquellos hombres salieran corriendo y sin bolsas, pero los escapados tenían sus razones para tanta prisa.

La abuela no cejó en su teoría de los billetes falsos. «Serían presos», admitía, «no tengo por qué negarlo, pero habrán escapado con la plata que falsificaron en todos estos meses. Ya estarán seguramente en París, disfrutando de la vida en el Folies-Bergère, pagando todo con la plata que fabricaron aquí al lado.» Para la abuela, París y el Folies-Bergère eran el súmmum, el no va más, de manera que no podía imaginar un destino más glorioso para los ex presidiarios que frecuentar aquel paraíso terrenal. «Después de pasar tanto tiempo en chirona, me figuro cómo desearían esos pobres ver unas piernas de mujer. Y si eran de francesas, muchísimo mejor.» Y llenando de nostalgia sus ojos de miope: «Cuando yo era muy jovencita, mi tía Clorinda, que era un poco loca pero muy entusiasta, siempre dijo que yo tenía piernas de francesa. Y no sólo ella. El espejo también lo decía.»

La enfermedad de la abuela era una extraña y penosa forma de reumatismo, que como es obvio no le afectaba la lengua, ya que hablaba y hablaba sin parar. El tema de la carbonería alimentó su verborragia por todo un

77

lustro. Cuando el abuelo le traía la prensa diaria, con las noticias de la evasión y los posteriores enfrentamientos entre fugados y policía, ella se refugiaba en el sarcasmo: «Javier, vos siempre me has dicho que la prensa miente, calumnia, deforma los hechos. ¿Cómo entonces podés creer ahora esas paparruchas? Dicen todo eso porque les da vergüenza reconocer que los tipos están en París, gozando con el cancán y pagando con francos igualitos a los legales de Francia. Mirá, si no estuviera tan tullida, me habría ido con ellos. Ésos sí que son gente de iniciativa, y no como vos, que siempre has sido un sedentario, fiel a tu destino de estaca.» El abuelo callaba, sobrio, aunque yo me daba cuenta de lo que estaba pensando: después de todo, era lógico que su mujer, que sólo iba del sofá a la cama y viceversa, suspirara por un destino de nómada.

No obstante, y a su estilo, se querían, de eso estoy seguro. Y el abuelo habría dado diez años de vida para que ella se curara y pudiera salir y divertirse, si no en el Folies-Bergère, al menos en el corso de Dieciocho.

Gente que pasa

Desde Punta Carretas, al viejo le quedaba relativamente cerca su nuevo trabajo, pero a mí no me ocurría lo mismo con el Liceo Miranda. Tenía que tomar dos líneas de autobús, o un autobús y un tranvía, de modo que, salvo cuando llovía o estaba muy ventoso, prefería regresar a pie. Tomaba por Sierra, Jackson, Bulevar España, 21 de Setiembre, Ellauri hasta la Penitenciaría, que era (lagarto lagarto) mi destino final.

Hasta entonces había vivido más o menos confinado en Capurro, y quizá por eso disfrutaba bastante con la larga travesía, que no siempre seguía el mismo itinerario, ya que había días que incluía un trecho por Dieciocho. En tales ocasiones, me detenía un buen rato en alguna esquina, dedicado exclusivamente a observar el paso de la gente. Con sus urgencias o su sangre de horchata, constituía para mí una novedad, un descubrimiento. A medida que iban flanqueando mi concurrida soledad, tomaba notas mentales de sus peculiaridades y obsesiones. Las mujeres, seducidas por las vidrieras y sus modas al día, se detenían fascinadas, seguramente aprendiendo de memoria talles, colores, modelos, precios. Luego salían disparadas, porque siempre llegaban tarde a alguna parte. Los hombres, más definidos u obcecados, cuando iban a comprar algo, entraban directamente en la tienda o la papelería, perdiéndose así el disfrute de los escaparates, en cuya oferta no desperdiciaban tiempo.

También abundaban los estudiantes, de ambos sexos, especialmente cuando me acercaba a la Universidad. Por lo común circulaban en grupos, con los muchachos asediando a las chicas, y éstas, tomadas del brazo para sentirse fuertes, devolviendo los piropos colectivos y los guiños individuales con quites de ironía y cuchicheos apócrifos. Los transeúntes adultos a veces se miraban, molestos ante esa lección de provechosa frivolidad, cada uno solidario con el fastidio del otro y confiando en no encontrarse de pronto con un hijo o una hija propios entre aquella tropilla de inconfortables, tan ruidosos como jocundos.

Desde mi mirador en una esquina cualquiera (generalmente elegía la de Dieciocho y Gaboto) fui aprendiendo detalles y matices de la conducta humana, y tal visión panorámica llegó a convertirse, para mi inexperiente naturaleza, en un ejercicio apasionante. Por esa época leía bastantes libros, particularmente novelas. Ya hacía tiempo que había abandonado a De Amicis, Verne y Salgari, y ahora me dedicaba a establecer las diferencias más elementales entre los personajes de Victor Hugo, Dickens o Dostoievsky y los grises montevideanos que tenía a la vista.

Durante cierto lapso tuve la obsesión de efectuar cotejos imaginarios entre los mendigos de la literatura y los de la vida real, pero los pordioseros no abundaban en Montevideo. Por fin descubrí uno, al que le faltaban las piernas, y una tarde me entretuve en calcular cuánto, aproximadamente, había recaudado en esas pocas horas. Lo multipliqué primero por dos, puesto que mendigaba en doble horario, y luego por treinta, para llegar al ingreso mensual, y llegué a la sorprendente conclusión de que ganaba mucho más que mi padre como administrador de un buen hotel. Esa misma noche se lo comenté al viejo y, para mi asombro, no se murió de envidia. Simplemente comentó: «La diferencia sustancial entre tu mendigo y yo no reside en lo que percibimos diaria o mensualmente sino más bien en que por lo menos yo tengo mis piernas: con varices y juanetes, pero las tengo. ¿Te parece poco?» No, no me parecía poco. Pero mi mendigo ni siquiera me servía para compararlo con los de Victor Hugo. Evidentemente, éramos un país tan joven, tan poco desarrollado, que ni siquiera teníamos Corte de los Milagros. Se presume que más adelante iremos desarrollándonos, para así generar nuestra mendicidad vernácula.

Alguna que otra tarde cambiaba mi itinerario y venía por Agraciada, Rondeau, hasta la plaza Cagancha, lugar éste que para mí era inseparable de una imagen única, que siempre estuvo colgada en mi memoria. Durante los juegos de Amsterdam, 1928, cuando Uruguay fue por segunda vez campeón olímpico de fútbol, todo el país estuvo pendiente de esos partidos. El día en que Uruguay enfrentó a Italia, el viejo me llevó a la plaza Cagancha. Allí, en los pizarrones del diario *Imparcial* iban apareciendo los más importantes pormenores del juego: «Avanza Uruguay», «Italia cede córner», «Gol italiano», «Gran reacción del equipo uruguayo», etcétera. Llovía a cántaros y centenares de paraguas formaban una suerte de techo sobre la plaza repleta. Yo era entonces un niño (cinco o seis años), pero no he olvidado mi sensación de insignificancia bajo aquel extraño cobertizo así como mi constante vigilancia para que las goteras de los paraguas no cayeran sobre mis zapatos, precaución totalmente inútil ya que de todas maneras estaban empapados. Al final ganó Uruguay 3 a 2. Yo en cambio gané un resfrío que cuarenta y ocho horas más tarde se transformó en gripe.

Pero eso fue en 1928. Ahora, la calle tenía atractivos menos folclóricos. Por ejemplo, las mujeres. Particularmente cuando llegaba la primavera. Con los primeros calores empezaban a perder trapos como si fueran escamas: primero los abrigos e impermeables, luego los sacos y pulóveres, después cambiaban las mangas largas por las cortas, y por último se quedaban sin mangas y sin medias (¡qué festival de piernas!) y hasta había quienes lucían una zona de sus lindas espalditas.

La repentina aparición de la piel (fresca, nuevecita, muy clara al comienzo, más oscura a medida que avanzaba la temporada de playas) me conmovía profundamente. Lo peculiar era que, más que las estudiantes, casi adolescentes, me atraían las pulcras empleaditas de uniforme que al mediodía dejaban por una hora sus puestos en los comercios de la Avenida para acomodarse en un café o en algún banco de la plaza de los Treinta y Tres, donde, mientras conversaban, consumían la merienda que habían traído de sus casas. En sus gestos y cuchicheos se diferenciaban de los modales estudiantiles, entre otras razones porque sus grupitos no eran mixtos (en las tiendas empleaban más mujeres que hombres).

Nunca me atreví a abordarlas o a preguntarles algo (hay que considerar que me llevaban por lo menos diez años y que yo no me distinguía por mi coraje) pero disfrutaba contemplándolas. Creo que además las admiraba porque trabajaban y cobraban un sueldo, dos detalles que aún faltaban en mi ficha personal. Por otra parte, mi interés no se dirigía a ninguna en particular, sino que más bien me atraían como colectivo.

Tengo la impresión de que esos regresos callejeros desde el Liceo hasta mi casa significaban para mí algo así como el descubrimiento de la libertad. Poco descubrimiento y magra libertad. Pero alo es algo. Podía demorar dos horas, o cuatro, en mi safari cotidiano. Nadie me pedía cuentas por las eventuales tardanzas, ni siquiera Juliska. De todos modos el viejo volvía mucho más tarde y yo lo esperaba para cenar. Juliska solía cocinarnos platos de su tierra y le habíamos tomado el gusto a aquella cocina exótica. Casi por compromiso, el viejo me preguntaba por mis estudios, y yo le respondía, también por compromiso, con datos sumarísimos y evitando aquellas referencias que podían provocarle no exactamente preocupación sino más bien la obligación de preocuparse.

Ni Natalia, ni mucho menos Quique, comían nunca con nosotros. Recuerdo una rara excepción: un fin de año en que no estaba Juliska (había ido a recibir el 1939 con sus únicos parientes, que vivían en Las Piedras), Natalia hizo unos ñoquis exquisitos, Quique trajo el postre y el vino, el viejo puso el champán de rigor y los cinco lo pasamos francamente bien. Sólo al final el viejo propuso un brindis por el recuerdo de mamá, y con ese motivo Elenita lloró un poco antes de irse a la cama, dispuesta a enfrentar su primer sueño del nuevo año.

Alguna que otra tarde me dejaba caer por el hotel que administraba el viejo. Quedaba a dos cuadras de la Rambla y tenía un jardín con árboles bastante añosos. Allí el viejo se convertía en otro: locuaz, eficiente, moderadamente autoritario. Sabía manejar a los huéspedes, por lo común porteños. Era obvio que el personal lo respetaba y hasta se diría que lo estimaba. A mí, como hijo del jefe, también me llegaba parte de ese beneficio, y los camareros, las mucamas y la telefonista me trataban con la simpatía y la condescendencia a que se hacían acreedores mis recién cumplidos quince años.

Algún fin de semana me quedaba allí, leyendo entre los árboles, en particular junto a una araucaria que era mi favorita. El aire salitroso que subía de la costa, mezclado con la fragancia de los pinos viejos, me proporcionaban una extraña sensación de bienestar. Aprovechaba para respirar a pleno pulmón. En ciertas ocasiones dejaba el libro a un lado y me quedaba inmóvil, tan sólo escuchando a los pájaros y las bocinas que dialogaban allá en la Rambla.

Yo hacía buenas migas con el más joven de los camareros, un tal Rosendo, que se especializaba en dedicar inocentes diabluras a más de un cliente. Había, por ejemplo, un militar argentino, septuagenario y en retiro, sordo como una tapia. Se levantaba muy temprano y bajaba a desayunar al comedor. Rosendo concurría a atenderlo con una franca sonrisa y sistemáticamente el general preguntaba cómo estaba el tiempo. «Milanesas con papas fritas», respondía el guasón, y el otro, muy conforme, anunciaba: «Entonces voy a buscar una bufanda.» Y si el sordo pedía: «Por favor, muchacho, dígale a la mucama que esta noche me ponga una almohada adicional», Rosendo preguntaba con toda seriedad: «¿Cómo la quiere, mi general? ¿De remolachas o de espárragos?» «La que sea más suave», decía el otro, agradecido, y le alcanzaba una buena propina, que Rosendo pescaba al vuelo, sin el menor remordimiento. Por supuesto, mi viejo jamás se enteraba de semejantes improvisaciones. Varias veces fui testigo de esos diálogos estrafalarios y puedo asegurar que el desempeño actoral de Rosendo era de una pulcritud verdaderamente profesional. De ahí que no me sorprendiera cuando, un año más tarde, lo vi integrando un elenco de teatro aficionado.

Las iniciales

En el jardín del hotel encontré una tarde, grabadas con un cuchillo o un cortaplumas en el tronco de un pino, las letras A y A, metidas en un corazón torpemente diseñado, y me puse a imaginar acerca de aquellas iniciales y la remota pareja que nombraban. El trazo parecía antiguo, como si incontables lluvias lo hubieran lavado y vuelto a lavar.

Antes de ser hotel, aquel viejo edificio había sido una muy confortable residencia de gente acomodada. Quizá las iniciales provenían de esa época. Se me ocurrió que la primera A correspondía a un Arsenio y la segunda a una Azucena. Elegí que fuera un amor clandestino, o por lo menos censurado, digamos entre primos hermanos, o tal vez Arsenio podría haber sido el hijo menor de la familia y Azucena una sirvientita adolescente y tierna, que finalmente habría quedado embarazada y en consecuencia fue despedida, pese a la desesperación de Arsenio, quien seguramente aún no habría profundizado en la existencia de las clases sociales. También podía ser que Arsenio fuera el chófer y Azucena la niña de la casa, claro que en esa situación no habría quedado encinta, ya que el chófer sí sabría de clases sociales (y métodos anticonceptivos) y sería consciente de a qué penalidades se exponía por presunta violación de una menor de pro.

Cabía asimismo la posibilidad de que la inicial repetida significara un colmo de soledades, una suerte de espejo empañado, o sea Arsenio más Arsenio, o Azucena más Azucena, es decir el trazado de alguien que reclamaba compañía pero sólo hallaba la de sí mismo, o de sí misma, de ahí que inventara un idilio como un borrador de sentimiento, con un placer tan hedonista y no obstante tan angustioso como suelen ser los placeres solitarios. «A» era además el arranque del alfabeto, el origen, la identidad primera. La duplicación venía a constituir una insistencia, una obsesión, o acaso la nostalgia de un origen contiguo, de una identidad paralela en quien confiar, hasta el punto de meterla en el mismo corazón, elíptica manera de designar un solo mundo, ¿tal vez un solo amor?

Como puede verse, estaba indigestado de lecturas románticas y también de simbología. Lo primero, como fruto de mi cóctel de novelas, y lo segundo, como resultado de mis conversaciones con un compañero de clase, un tal Perico, absolutamente invadido por el psicoanálisis (su tío era todo un tríptico: médico, psiquiatra y psicoanalista) y que no se conformaba con los símbolos más o menos popularizados por Freud y seguidores, sino que constantemente incorporaba otros de su propia cosecha. Confieso que su insistencia me aburría un poco, pero es probable que me dejara algún sedimento, y yo no hallaba nada mejor que aplicarlo a las desprevenidas iniciales del pino viejo.

Perico tenía asimismo otras aptitudes. Verbigracia, sabía leer las líneas de la mano y reconocer agüeros y presagios en la borra del café. Una tarde nos habíamos encontrado en el Tupí frente al Solís, y como vio que yo estaba terminando mi café, me pidió el pocillo y, cumpliendo con el precepto, lo dio vuelta. Examinó atentamente la borra. «No tomes muy en serio mi cafetomancia», dijo, sonriendo. «Ni yo mismo la tomo en serio. Simplemente me atraen los enigmas, las adivinaciones.» Siguió un rato más contemplando aquello, que para mí no significaba nada. «¿Sabés qué veo? Una mujer y un árbol.» Asumí mansamente el augurio, ya que a mi vez interpreté que, en todo caso, se trataría de Rita y de la higuera.

Mi segundo Graf

La Segunda Guerra Mundial llevaba pocos meses de andadura cuando tuvo lugar, en aguas del Atlántico, un duro combate entre tres barcos británicos (el *Ajax*, el *Acchiles*, el *Exeter)* y el acorazado alemán *Graf Spee*, que vino a dar con sus hierros maltrechos al puerto de Montevideo.

El inopinado arribo de aquel temible Taschenkreuzer sacudió las rutinas de la ciudad. Era nuestro primer contacto directo con la guerra. Esa tarde, muchos comercios decidieron cerrar temprano sus oficinas, no sólo para que el personal pudiera ir a curiosear al puerto, sino también porque patrones y gerentes no querían perderse aquella visita fuera de serie. Además, muchos se proponían fotografiar al invulnerable-vulnerado. «En la literatura que vendrá», opinó en clase nuestro profesor del ramo, «no faltará ocasión de usarlo como eficaz señuelo erótico.» «¿Erótico?», preguntamos como una masa coral bien afinada. «Naturalmente. ¡Cuánto os falta aprender, hijos míos! ¿Nadie se ha fijado, desde el célebre velero bergantín hasta este polvorín náutico, en la simbología fálica de los *diez cañones por banda?*»

Ahí capitulamos y nos fuimos todos a ver la novedad. En el puerto había una multitud. Estuvimos un buen rato viendo cómo una poderosa lancha a motor transportaba oficiales y marineros desde el buque a tierra firme, y viceversa. Curiosamente, la viceversa era siempre más liviana. Después, tal vez debido a las presiones y los vaivenes de la gente, nos fuimos disgregando. Pasé más de dos horas en la contemplación de aquel trasiego. Lamenté no tener unos prismáticos para examinar qué cara y qué expresión tenían esos muchachos que virtualmente empezaban la vida con una derrota. Desde lejos me parecía que algunos mostraban señales de alivio, pero no podría asegurarlo.

Con tanto movimiento, con tantas idas y venidas, el acorazado descorazonado, humillado e inmóvil, pero todavía imponente, era una presencia dramática, un aviso mortuorio de la guerra lejana que de pronto se instalaba aquí, a nuestro lado. «¿Y si les da por bombardear la ciudad?», preguntó un optimista. «¿Y para qué cree usted que tenemos la fortaleza del Cerro?», retrucó un gracioso que no tuvo el menor eco.

Pero no nos bombardearon. La gente, en vista de que aquello se había vuelto un poco monótono, empezó a dispersarse. En este ámbito, todo se convierte rápidamente en costumbre. Hasta los acorazados alemanes. Un gordo de boina, que pude identificar como periodista, se acercó, lápiz y libreta en mano, a un larguirucho con aura profesoral. «Doctor, ¿puedo hacerle una preguntita? ¿Cómo definiría usted poéticamente a ese acorazado de bolsillo?» El interpelado no se inmutó: «Yo diría que es el único Moby Dick que pueden llegar a crear los alemanes». El periodista quedó desconcertado, pero no se atrevió a preguntar quién era ese Moby Dick.

Mientras caminaba por Rincón hacia la plaza Matriz, pensé que éste era mi segundo Graf. Mediaban ocho años entre el Zeppelin y el Spee, entre el Graf del aire y el Graf del agua. Sólo me faltaba conocer un Graf del fuego.

No sospechaba que, casi de inmediato, el Graf del agua se convertiría en Graf del fuego. Justamente cuando cruzaba la plaza, sonó el estruendo. Toda la Ciudad Vieja pareció estremecerse y hasta me pareció que la mole del hotel Nogaró se encogía de miedo. El capitán alemán había decidido el sacrificio del barco, como un anticipo de su propia inmolación, días más tarde, en un hotel de Buenos Aires, tras envolverse, no precisamente en la enseña nazi sino en la antigua bandera imperial.

Poco después, los marinos alemanes enterraron a sus muertos, infausto saldo de la batalla contra los ingleses. Previamente, y en medio del desconcierto del público, llevaron a cabo su desfile por las calles de Montevideo, mientras cantaban *Ich hatte einen Kameraden*, la tradicional canción alemana por el compañero caído. (Para sorpresa de tirios y troyanos, a la ceremonia en el cementerio del Norte asistió, en atuendo de gala, nada menos que el ministro británico, Eugen Millington Drake.)

Desde una esquina los vi pasar: A mi lado, un hombre joven, con acento extranjero, dijo: «Parece mentira. Tienen caras de ángeles, pero yo los conozco.» Me dijo que era judío, que sus padres habían sido exterminados en un campo de concentración, antes aún de que estallara la guerra. Él se había salvado gracias a un cura, amigo de su padre.

«Detrás de esos ojos azules y esas mejillas candorosas, son capaces de albergar un odio que no puede medirse.» Le dije que no todos serían iguales, que no podía ser que esos casi niños fueran asesinos en potencia. «Nadie es asesino en potencia, lo sé. Pero un loco, un alucinado, puede contagiarles su alucinación y su demencia. El más peligroso de sus atributos es cierta recóndita vocación de raza reina. Los mejores la descubren en sí mismos (porque todos la tienen) y la desmantelan, la liquidan, la extirpan como si fuera un tumor. Pero los otros, que en el fondo son los más ineptos, los más estúpidos, los más necios, la alimentan con delectación, porque sólo así se sienten seguros.»

Los muchachos terminaron su desfile. El hombre que tan duramente los juzgaba se despidió con un gesto y cruzó la avenida. Yo me metí en un café. Demasiados acontecimientos para una sola tarde. Después de todo, mi segundo Graf era más sórdido que el primero. De aquel otro, lejano, sólo quedaba el cadáver del Dandy. De éste de ahora, una vislumbre colectiva y macabra.

En esas tensas horas circuló un rumor: los alemanes habían metido armas en los féretros. Años después me enteré de que esa misma noche varios muchachos uruguayos habían penetrado en el cementerio y literalmente violado las tumbas recién cerradas, a fin de verificar si los ataúdes contenían efectivamente armas. Pero sólo hallaron cadáveres flamantes.

Pobre pecador

De mi grupito de amigos de Capurro, el único al que seguía viendo esporádicamente era Norberto. En uno de esos encuentros le pregunté por mi querida higuera y si él seguía utilizándola para pasar a la que había sido mi habitación. «Estás loco», dijo. «Ahora las inquilinas son unas viejas insoportables, tres hermanas solteronas y/o viudas, da lo mismo, que han llenado tu ex altillo de trastos desvencijados y malolientes, paquetes de viejos periódicos, y además cerraron la ventana con dos candados, como si temieran que yo les fuera a robar semejantes porquerías. La pobre higuera está desconsolada y una de sus ramas se arrima cuando puede a la que era tu ventana, como buscándote.» Le agradecí a Norberto esa licencia poética: en el fondo no dejaba de gustarme que la higuera me echara de menos.

Según Norberto, el barrio había cambiado mucho. El Parque padecía un ominoso abandono municipal y en las cercanías de la zona se habían instalado varias fábricas y plantas industriales, con las que el paisaje humano se había modificado y el barrio había perdido su intimidad colectiva. La cancha del Lito tenía el césped sin cortar, aquello era un yuyal, pero eso sí, habían abierto dos o tres nuevos bares para atender la demanda de los parroquianos recién incorporados.

Norberto me confió asimismo una crisis muy personal. Se había alejado del padre Ricardo, sencillamente porque éste «le había hecho una salvajada». Resulta que un sábado de noche Norberto había concurrido, con varios de sus nuevos amigos, a un prostíbulo del Pantanoso y la experiencia le había dejado un mal sabor. Una semana después, al confesarse con el padre Ricardo, le confió su pecado. (Como bien dice mi abuela Dolores, cada cardumen tiene su pescador.) El cura, además de asignarle como penitencia una tonelada de padrenuestros y avemarías (el pobre confeso estuvo como dos horas reza que te reza), fue y se lo contó al padre de Norberto, quien tomó dos medidas radicales e inmediatas: le retiró la llave y le propinó dos soberanas bofetadas que le desacomodaron la mandíbula durante varias horas. Le explicó, además, que la primera bofetada era por lo del prostíbulo («todavía es muy temprano para eso»), pero la segunda era por haber sido tan estúpido como para contárselo nada menos que al padre Ricardo, que, «como es público y notorio, es un chismoso sexual de primer orden».

Para Norberto, mucho más grave que la golpiza paterna había sido la dolorosa revelación de que, al menos para el padre Ricardo, el secreto de confesión era papel mojado. Tomó entonces una decisión. El domingo siguiente fue a la iglesia, se metió a prepo en el confesionario, y una vez que estuvo seguro de que tras la rejilla se hallaba su enemigo, le desarrajó todo un florilegio de reproches, palabrotas incluidas, durante varios y trascendentales minutos, que fueron para el apabullado sacerdote un anticipo de las chamusquinas del cercano infierno. La catilinaria concluyó con una estentórea exhortación: «Y ahora, cura batidor y mala leche, vaya y cuéntele a mi viejo que lo he mandado a la mierda.» Pero el padre Ricardo se quedó contrito y en el molde.

Hoy estreno hoy

Los domingos Juliska tenía libre y normalmente iba a Las Piedras a ver a sus familiares. Nunca los conocimos y, vistas las dificultades lingüísticas de la yugo, tampoco supimos a ciencia cierta si eran primos o primas, sobrinos o sobrinas. Por otra parte, los domingos el viejo se llevaba con él a Elenita, que en el hotel se había hecho amiga de una chica de su edad (la hija del *maître)* con la que se adoraban. En cuanto a Natalia y el Quique, si el tiempo les era propicio, se iban el día entero a alguna playa. De modo que en los domingos estivales la casa quedaba exclusivamente para mi uso personal, algo que no encerraba ningún especial significado, salvo que constituía para mí otra variante de la libertad, por cierto muy distinta a la callejera.

Ese domingo había ido a la feria de Tristán Narvaja. Nunca compraba nada (la verdad es que no tenía con qué) pero me gustaba meterme entre la gente, escuchar las agrias o pintorescas discusiones, hojear libros de segunda (o décima) mano.

Al mediodía regresé a casa, dispuesto a almorzar a solas. Juliska, cuando se ausentaba, nos dejaba algún sabroso plato en la heladera. Fui directamente a la cocina, pero allí me esperaba una sorpresa. Natalia, de pie junto a una hornalla encendida de la cocina a gas, movía lentamente, en una olla y de modo circular, una larga cuchara de madera. Llevaba puesto un camisón corto, de una gasa transparente, o sea que se le veía, o se le adivinaba, todo. Además estaba descalza, lo que acentuaba la impresión de desnudez.

«Perdón» dije, sobresaltado, «pensé que no había nadie en casa.» «No te preocupes», dijo ella, divertida con mi asombro, «yo también pensé que estaba sola.» Entonces hizo un simple gesto, pero intuí que era el comienzo de algo: apagó el fuego. Yo seguía inmóvil en el umbral de la cocina. Vino hacia mí y tuve la impresión de que acudía en mi ayuda. «Estamos solos, Claudito, ¿te das cuenta?» Claro que me daba cuenta. «Es el día libre de la Yugular (así llamaban ella y el Quique a la yugoeslava), tu padre y Elenita regresarán a la noche. Quique tuvo que ir a Paysandú por no sé qué lío familiar.» Yo asentía, desbordado por tanta buena noticia.

Me tomó del brazo y me llevó hasta su cuarto. Cerró las cortinas. Me miró gravemente. «Claudito, ¿nunca has estado con una mujer, verdad?» (Me fijé, como un estúpido, en que decía *mujer*, porque era chilena.) «¿Estado?», balbuceé. «No te hagas el zonzo, bien sabes lo que quiero decir.» «No, nunca he estado.» «¿Quieres que te enseñe?» Mi timidez tenía un límite, así que dije: «Quiero.» Me desabrochó los dos primeros botones de la camisa y metió su mano por debajo de la misma, me acarició un hombro y la nuca, atrajo mi cabeza y me dio un beso rápido en los labios. Luego se apartó y se quitó el camisón transparente.

Natalia tenía veinticinco años, y a mí, desde la óptica de mis dieciséis, me había parecido hasta ese momento una simpática veterana (todo es relativo), pero cuando se quedó desnuda, con sus finas piernas de bailarina, su poblado pubis pelirrojo y sus pechitos desafiantes, se convirtió de pronto en alguien sin edad: una nereida, una diosa de juventud, una sirena sin cola, qué sé yo. Es claro que todo ese catálogo lo pensé mucho después, ya que en ese instante crucial de mi vida no estaba para reminiscencias grecolatinas.

«¿Y qué? ¿Te vas a quedar así? ¿O quieres que te quite los pantalones? Son las tres y diez. ¿Vamos a aprovechar o no el tiempo que nos queda?» Cuando por fin quedé yo también en cueros (lo más trabajoso fue desabrocharme los zapatos y quitarme los calcetines), mi erección era tan notoria que si ella no se rió, creo que fue por temor a desalentarme o a que me volviera la timidez, pero me di cuenta de que sus ojos sí reían.

La verdad es que a esa altura nada me habría desalentado. Luego, ya en la cama, ella dio comienzo, tierna, morosamente, a la lección número uno. Tengo la impresión de que fui un alumno aprovechado y que ella quedó contenta con mi rápido aprendizaje. «Como bautizo, te aseguro que ha sido excelente, Claudito. Vas a hacer felices a tus mujeres, ya lo verás.»

Por ahora el feliz era yo; tanto, que diez minutos más tarde le pedí, bastante más seguro de mí mismo, que me impartiera la lección número dos. «¿Ahora mismo?» «Ahora mismo.» «No sabía que te habías apuntado a un curso intensivo. Está bien, pero será la última, eh. No te olvides que yo soy del Quique. Él es mi hombre.» «¿Y esto que hicimos?» «Esto que hicimos fue ante todo un acto de solidaridad. En Chile somos muy solidarios.

Y solidarias. Hace tiempo que sentía que necesitabas esto. Para tu formación, ¿entiendes? Y hoy se dio la ocasión. Dios nos dejó solitos. A Dios también le gusta que pequemos, siempre que lo hagamos con alegría. Así nos puede perdonar alegremente. Además hay pecados horribles y pecados lindísimos. El nuestro fue lindísimo, ¿no te parece?» Le pregunté si era católica. «Por supuesto, pero católica por la libre, digamos *free lance*. Me entiendo directamente con Dios, sin necesidad de los curas intermediarios, que te cobran su comisión en limosnas y avemarías.»

El segundo pecado fue todavía más estupendo que el primero. Ya tenía más práctica. Después me quedé mirándola con ojos tiernos y ella se puso seria: «Ah no, Claudito, no te me enamores, eh. Me lo tienes que prometer. Seré tu amiga, eso sí.» Pregunté, tratando de sostenerle la mirada: «¿A vos no te gustó?» «Claro que sí. Me gustó porque me gustás. De lo contrario, no lo habría hecho. Pero no lo olvides: yo quiero al Quique.» «¿Y te acostás con él?» «Pues claro que me acuesto. Cuando dos se quieren, y pueden, se acuestan. Y ahora vístete y vete a tu cuarto, que si llega a aparecer la Yugular (no lo creo, todavía es temprano) seguro que me denuncia como corruptora de menores.»

Cuando estuve en mi cama, después de tanta excitación, me vino un repentino aflojamiento, y al poco rato me dormí. Lo último que pensé fue: menos mal que, a diferencia de Norberto, no tengo a ningún cura confesor a quien contarle mi desliz. A propósito, el pobre padre Ricardo, ¿vivirá sin deslices?

Después de todo, pienso que Natalia le debe haber contado al Quique nuestra comunión. Más aún: hasta presumo que ella lo hizo todo con su visto bueno. Y lo pienso así, porque a partir de aquel día para mí memorable, el Quique me dedicaba a menudo unas sonrisas que eran un extraño cóctel de complicidad, sobrentendidos y paternalismo burlón, más un ingrediente adicional que más o menos significaba: «Ah, pero no te olvides, pibe, que yo soy el dueño de ese cuerpito.» Infortunadamente, no lo olvidaba.

Poco a poco me fui acostumbrando a la relación meramente amistosa con Natalia. Así y todo, frecuentemente soñaba con ella y, claro, las sábanas sufrían las consecuencias. La marcación de Juliska era implacable. «Usted dejar sábanos mucho sucio con porquerrío. Una conseja: mejor usted vaya de putos.» Ahí me apresuraba a rectificarla: «Vamos, Juliska, querrá decir de putas.» «Usted saber.»

Juliska tenía su pizca de razón. Y sin embargo no me atraía ir de putas. El estreno con Natalia había sido tan glorioso que no quería borrarlo con cualquier remedo. Además, la cuota semanal que me pasaba el viejo no alcanzaba para excesos. Y por último: los menores de edad no eran bienvenidos en esos «antros».

Conviene recordar que la masturbación era considerada (por padres, médicos, sacerdotes, sociólogos, etcétera) como un vicio de espantosas consecuencias: provocaba tuberculosis, impotencia, hijos subnormales, y *ainda mais*. Pero ¿qué otro remedio? Los mismos padres, doctores, curas, psicólogos, que condenaban duramente aquella práctica, se habían masturbado concienzudamente en sus lejanas adolescencias, sin que por ello se hubieran vuelto tísicos o impotentes. Ésa era también la tesis de Perico, mi cumplido asesor en psicoanálisis y simbología, quien sin embargo agregaba: «De todas maneras, yo prefiero los burdeles. Tienen una notoria ventaja sobre el placer solitario y es que uno puede conversar y hacer amistades. Conozco algunas putas que son como hermanas para mí, o por lo menos tías. Incluso las analizo, y ellas locas de la vida. No interpretes mal. Ya sé que son *locas* y *mujeres de la vida*, pero *locas de la vida* (una expresión que acaso tenga su origen en su oficio milenario) incluye un elemento de alegría, de disfrute. Una cosa he aprendido con ellas: como es fácil que su oficio corporal se les vuelva rutina, su goce mayor pasa a ser el del espíritu. Cuando se divierten con una buena broma, o festejan una ironía creativa o reciben una muestra de amistad desinteresada o las abarcás en un piropo original, en sus ojos se trasluce que ése es su goce preferido: el orgasmo espiritual. Y bien que lo agradecen. A veces después, cuando uno entra en materia, ni siquiera te cobran. Pero yo igual les pago, no faltaba más.»

Espaldarazo

La primera huelga de mi vida me dejó cicatrices. En general, no me preocupaban mucho los conflictos de la enseñanza. Pero la FEUU había decretado dos días de huelga, los de Secundaria adhirieron y yo ni siquiera había preguntado el motivo. Simplemente pensé que, ya que no iba al Liceo, podía aprovechar para devolverle a Perico un montón de libros que me había prestado en los últimos meses. Perico vivía a pocas cuadras del Miranda, así que coloqué varios Freud, Jung y Adler en el portafolio que llevaba diariamente al Liceo, puse otros más en una bolsa, tomé un ómnibus, luego otro, y me bajé a la altura del Legislativo.

Lentamente (los libros pesan) me dirigí hacia la calle Sierra. A lo lejos distinguí la figura inconfundible de Tomasito Robles, conocido como el Campeón (había ganado varias competencias atléticas para menores). Me hizo una seña y empezó a acercarse. El Campeón era buen atleta pero mal estudiante. Me llevaba dos años y sin embargo repetía cuarto y estaba en mi clase. Pasaba por comunista y era un eficaz organizador de paros, huelgas, protestas, manifiestos, etcétera.

Lo esperé, cargado con los libros, pero cuando estuvo por fin frente a mí, me gritó «¡Carnero! ¡Rompehuelgas!», y, sin decir agua va, me encajó tremendo piñazo en el pómulo derecho, que se me puso enseguida como un farol. Mientras me agachaba para dejar en el suelo mi carga libresca y tratar de defenderme, alcancé a gritarle: «Pero, Campeón, ¿qué te pasa? ¿Estás loco? ¡Yo no soy carnero!» «¿Ah, no? ¿Y a dónde vas con todo eso? ¿No vas a clase?» «No, Campeón, voy a devolverle unos libros a Perico, que me los prestó y vive aquí cerca.» Y le mostré mi carga para que viera que no eran libros de texto. Tomasito se puso rojo. «Perdoname, Flaco», dijo casi llorando. Y volvía a repetir: «Perdoname, Flaco. ¿Cómo pude hacerte eso con lo mucho que te quiero y con todo lo que me soplás en clase? Perdoname, Flaco. De veras perdoname.» Lo perdoné, claro, a pesar de que el pómulo derecho seguía haciendo señales como el faro del Cerro.

A toda costa quiso invitarme con un imperial y fuimos a una cervecería alemana que quedaba a espaldas del Palacio. Allí, como muestra de confianza, me contó su historia. El padre le pegaba a la madre diariamente. «¿Y ella qué hace?» «Llora, sólo eso.» «¿Y vos?» «Yo lo agarro al viejo de un brazo y trato de apartarlo, pero acaba golpeándome a mí también y tirándome al suelo.» «Pero, Tomasito, con ese lomo que Dios te ha dado…» «El viejo es mucho más grandote que yo. Y además no puedo ni quiero pegarle, sólo pretendo que no le dé la biaba a la vieja.» «¿Y por qué le pega?» «Dice que la vieja tuvo un amante (él dice «un querido») hace como veinte años y hasta sospecha (esto sólo lo suelta cuando viene borracho) que él no es mi padre. ¡Qué no va a ser! Si nos parecemos, no diré como dos gotas de agua, pero sí como dos gotas de grapa. Por eso me cuesta tanto estudiar. Te imaginarás que con ese ambiente no puedo concentrarme.»

Pagó las cervezas y me propuso (ya se había convencido de que yo no era un carnero) que nos acercáramos al Liceo. Antes pasamos por lo de Perico y le dejé los libros, ahora con un motivo adicional: no despertar más sospechas infundadas. Perico miró mi pómulo con estupor, pero no dijo nada.

Frente al Liceo había como doscientos estudiantes que gritaban consignas y arrojaban alguna que otra piedra (una de ellas rompió un vidrio y pensé qué corriente de aire iba a entrar por allí en invierno). El tránsito estaba cortado y podía escucharse un buen concierto para bocina y orquesta. Ahí fue cuando aparecieron los coraceros con sus caballos y la sana intención de disolvernos. Todos corrieron como gacelas de Walt Disney, pero yo debo haberlo hecho como tortuga de Samaniego, ya que en la huida me ligué un sablazo en la espalda, además de un rasgón en la camisa. A Perico y a Tomasito los perdí de vista, así que decidí emprender el regreso al hogar dulce hogar, y allí llegué con un lastimoso aspecto de veterano de la Guerra Grande.

Menos mal que en casa sólo estaba Juliska, que abrió tremendos ojos al comprobar mi estado. «Pero usted mucho jodida. Deje ponerle una hiela.» Envolvió unos cubos de hielo en un pañuelo y me los aplicó en el pómulo palpitante. Luego me trajo una camisa limpia y me pasó una pomada para contusiones en el sitio donde había recibido aquel espaldarazo tan poco académico.

El viejo llegó tarde y yo ya estaba en la cama. Pero a la mañana siguiente, cuando desayunábamos, levantó por un instante la vista del diario y me preguntó: «¿Qué te pasó en la cara? ¿Te volvió a picar una abeja?» «Sí, debe haber sido una abeja.» «No sé. Por la hinchazón más bien parece que haya sido una avispa. O una de esas hormigas gigantes.» «Puede ser», dije con la convicción profesional de un entomólogo.

La niña de la higuera (2)

Cada uno tiene sus manías. La mía era dibujar esferas de reloj. A menudo, en la clase, mientras el profe de Filosofía se explayaba sobre la fenomenología del espíritu, de Hegel, y el tedio cundía en la clase de cuarto, otros diseñaban gallitos, patos, estrellas de cinco o seis puntas y sobre todo mujeres desnudas, pero yo dibujaba esferas de reloj, siempre con números romanos. A la hora de situar las agujas, mi hora preferida era las 3 y 10, hora clave en mi breve trayectoria. A las 3 y 10 habíamos descubierto el cadáver del Dandy; a las 3 y 10 había muerto mamá; a las 3 y 10 Rita había invadido mi altillo de Capurro; en otras 3 y 10 había sido mi estreno con Natalia.

Nunca fui supersticioso, y sin embargo, todos los días, cuando llegaba esa hora, me ponía tenso, alerta, como si algo inesperado pudiera sobrevenir. Casi nunca pasaba nada, u ocurría algo intrascendente (sonaba una bocina lejana, alguien llamaba a la puerta de calle, empezaban a ladrar los perros del barrio) que para mí adquiría una forzada trascendencia. Si estaba durmiendo la siesta, a esa hora me despertaba sobresaltado, o, si seguía durmiendo, ingresaba de pronto en un ensueño singular o en una pesadilla atroz. En cambio, las 3 y 10 de la madrugada no tenían ninguna importancia: las decisivas eran las de la tarde.

Terminé el Liceo sin mayores contratiempos. Con resultados nada brillantes en asignaturas de ciencias (salvo Matemáticas, que me sedujo desde el comienzo) y más que buenos en Literatura, Historia, Dibujo. Mi proyecto era dedicarme a la pintura, en vez de inscribirme en Preparatorios. «Está bien», dijo el viejo, «pero entonces tendrás que trabajar. No creo que como futuro pintor te ganes el puchero.» Habló con varios amigos y poco después ingresé, como simple *pinche*, en Dominó S.A., conocida agencia de publicidad. Dos meses después empecé a colaborar en la reproducción casi mecánica de diseños ajenos y, de vez en cuando, en diseños propios, por cierto sencillitos y nada pretenciosos.

Es decir que a los diecisiete años tenía para mis gastos: libros, cine, algún baile, y sobre todo papel de dibujo, crayolas, acuarelas, pinceles, para mis bocetos privados, entre los cuales abundaban, como era previsible, los relojes.

Una tarde tomaba un cortado en el Sportman y saqué del portafolio un bloc y varios lápices. Mientras pensaba en un croquis que me habían encargado en la agencia para el lunes, mi lápiz empezó, casi independientemente de mi voluntad, a dibujar una esfera de reloj. Ya había esbozado los doce números romanos, cuando alguien, a mi lado, dijo «Claudio».

Antes aún de mirar al dueño (o más bien dueña) de la voz, supe que era Rita. Me tomó la cara con las dos manos y me besó en la mejilla, junto a la comisura de los labios. Un beso que llegaba desde el pasado. No podía creerlo.

Los ojos verdes se le habían oscurecido, el pelo castaño le colgaba hasta los hombros, en los brazos desnudos había una región de pecas que me parecieron un detalle poco menos que maravilloso. Seguía delgada, pero su atractivo (ahora, toda una mujer) se había consolidado, sin perder un aura de fragilidad que la conectaba con la Rita que, años atrás (¿cuántos eran?) se había deslizado desde la higuera de Norberto a mi altillo de Capurro.

Al principio nos atropellamos haciéndonos preguntas. Sí, seguía viviendo en Córdoba. Trabajaba como azafata en una compañía aérea, de modo que viajaba constantemente, dentro de Argentina y también en vuelos especiales al exterior. Sus padres residían en Santa Fe, y ella vivía con una hermana mayor, casada, arquitecta, con la que se llevaba bien. Eso fue algo de lo poco que le extraje, ya que su bombardeo de interrogantes casi no me permitía formular las mías, pero al fin se dio, y me dio, un respiro, y pude hacer la pregunta del millón: «¿Lo has visto a Norberto?» «¿A Norberto?» «Sí, tu primo de Capurro.» Por un instante vaciló y luego estalló en una carcajada. «Norberto no es mi primo. Simplemente aquel día usé su nombre como introducción, para inspirarte confianza.» No quedé convencido. «¿Y cómo entraste en el altillo a través de la higuera de Norberto?» Suspiró y quedó más linda. «La historia es a la vez simple y compleja. Estaba parando por unos días en casa de amigos de mi hermana, vecinos a su vez de Norberto, y ellos hablaron con preocupación de la enfermedad y la inminente muerte de tu madre y asimismo de vos y de tu hermanita, y me entraron unas tremendas ganas, no de consolarte sino de acompañarte, de tocarte, de transmitirte cariño, que es lo que en esos momentos se necesita. No sé si te acordás que el patio de Norberto terminaba en un corredorcito que lindaba con la casa de mis amigos. Pues bien, ese corredorcito tenía unos ladrillos salientes por los que resultaba bastante fácil subir o bajar. Por esa ruta llegué a la higuera y por la misma ruta me fui.» «¿Y si algún familiar de Norberto te sorprendía?» «Bah, travesuras de niña. Eso suele aceptarse, aunque a veces te ligues un moquete. Probablemente ahora no podría esgrimir una excusa semejante. Pero lo cierto es que nadie me vio. Sólo vos.» En el fondo yo quería convencerme, así que respiré aliviado, como si hubiera contenido el aliento durante todos esos años.

«¿Ya asimilaste la muerte de tu madre?» «Y sí, ¿qué más remedio?» «La muerte no es tan grave, Claudio.» «¿Vos cómo te la imaginás?» «Yo la concibo como un sueño repetido, pero no un sueño circular, sino una repetición en espiral. Cada vez que volvés a pasar por un mismo episodio, lo ves a más distancia, y eso te hace comprenderlo mejor.» Esa interpretación me sobrepasaba, así que cambié de tema. «¿Y esta vez dónde estás viviendo?» «En pleno Centro: Mercedes y Ejido.» «¿Puedo verte allí?» Lo pensó un momento, con los labios apretados y la mirada distante. Luego dijo: «Vení mañana. Estaré sola. Aquí te anoto la dirección: Mercedes 1352.» «¿Es un apartamento?» «No, es una casa. Muy linda, ya la verás.»

Vio mi reloj dibujado, al que todavía le faltaban las agujas. «¿Puedo terminarlo?», preguntó. Colocó un libro delante del papel, para que yo no viera lo que estaba haciendo. Después lo dio vuelta y me lo dio. «Vení a verme mañana, a la hora que aquí te dibujé. Pero ahora guardalo. Después lo mirás.»

Salimos del café, caminamos una cuadra pero no alcanzamos a cruzar Dieciocho. Con tantas emociones, no me había dado cuenta de que el cielo se había encapotado, de modo que me sorprendí cuando empezó a llover, y siguió cada vez con más fuerza. Corrimos unos metros, pero aquello era un diluvio. Ya no era posible regresar al café, así que nos metimos en una entrada de apartamentos, que estaba más oscura aún que la calle. Como el agua entraba también allí, nos metimos más adentro. No había nadie. Ella me tomó la mano, se la llevó a los labios mojados por la lluvia y me la besó varias veces. La oscuridad de adentro y la inclemencia de afuera nos protegían del mundo, de modo que la abracé, tan tiernamente como puede hacerlo alguien que ha cultivado una ausencia durante años.

Nos besamos y nos besamos, nos acariciamos y nos volvimos a acariciar. Me sentía en la gloria y era inevitable que pensara en la jornada siguiente, en la casa de la calle Mercedes. Ya no importaba si seguía lloviendo o si había escampado. Tuvimos otra vez noción de que el mundo existía cuando alguien, con voz seca y conteniendo su indignación, dijo en mi nuca: «Con su permiso, jóvenes», para que le permitiéramos llegar al ascensor. Balbuceamos perdón y sólo entonces vimos el sol de la calle. Rita miró su reloj pulsera y casi gritó: «Se me hizo tarde. Tengo que llegar.» «¿A dónde?» pregunté, desconcertado y ansioso. «Tengo que llegar», repitió. «Mañana nos vemos. No te olvides. Chau.» Y me dio un último, fugacísimo beso, antes de salir corriendo por Dieciocho en dirección a la plaza.

Regresé a casa caminando. Quería repasar a solas, morosamente, todo el encuentro. De modo que Rita seguía existiendo. ¿Y si yo me fuera a Córdoba? ¿Por qué no? ¿O tendría novio, marido o algo así? ¿Cómo no se lo pregunté? Cuando llegué a la calle Ariosto, saludé sumariamente a Elenita y a Juliska y me metí en mi cuarto, que infortunadamente no tenía higuera, ni siquiera ventana.

Extraje cuidadosamente del portafolio el papel con la esfera del reloj. Las agujas dibujadas por Rita señalaban (¿qué otra cosa podía ser?) las tres y diez. Había sin embargo un detalle adicional: la aguja del minutero, que apuntaba al II romano, era la figura de un hombrecito desnudo, en tanto que la del horario, que apuntaba al III romano, era una mujercita, igualmente en cueros. El hombrecito-minutero estaba a punto de cubrir a la mujercita-horario. ¡Nuestra cita de mañana! exclamé, radiante, con euforia de minutero.

Al día siguiente, antes de las 3 y 10, estaba en Mercedes y Ejido. A medida que me acercaba, me había ido inundando un temor, que al final era casi pánico. Pronto mis recelos tuvieron confirmación: el número 1352 no existía.

Durante todo un mes, fui diariamente al Sportman, a la misma hora que el día del aguacero, pero Rita no reapareció. Seis meses después, compré una caja nueva de pasteles y pinté un cuadro: era una esfera de reloj con números romanos, con el hombrecito-minutero y la mujercita-horario que señalaban las 3 y 10. Lo titulé *La hora del amor* y lo subtitulé: «Homenaje a Rita.» Obtuve el tercer premio en el Primer Salón de Pintura al Pastel, pero la homenajeada no respondió a mi llamada de amor indio.

En la agencia fui felicitado, y mi jefe, muy orgulloso «de tener entre el personal de la agencia a un artista laureado» [sic], me aumentó el sueldo y empezó a encomendarme tareas más creativas y de una mayor responsabilidad.

Bienvenida Sonia

Cuando mamá murió, el viejo tenía treinta y siete años; cuando volvió a casarse, cuarenta y tres. Siempre pensé que lo haría: el viejo es un hombre para estar casado. A los pocos meses de la muerte de mamá, cuando todavía estábamos en Capurro y él decidió cambiar no sólo de casa sino también de barrio, nos había anunciado que quería acabar de una vez por todas con aquel duelo; «quería vivir de nuevo».

Ignoro si él la eligió a Sonia o Sonia lo eligió a él. El viejo siempre tuvo un carácter muy peculiar y su gusto por las mujeres abarcaba una franja exigente y angosta. A mi futura madrastra la conoció en su zona de operaciones: el hotel de Pocitos. Por razones profesionales se habían visto con frecuencia en los dos últimos años. Sonia trabajaba en una agencia turística y venía a menudo al hotel a concertar con el viejo los detalles de las próximas excursiones de argentinos o brasileños, que permanecían unos días en Montevideo y luego seguían hacia Piriápolis o Punta del Este. Durante los días en que los turistas se alojaban en el hotel, Sonia venía diariamente con el fin de verificar si todo estaba en orden o si por el contrario había alguna queja. Asimismo les servía de guía en *sight-seeing*, playas, casinos o, menos frecuentemente, en los escasos museos.

Era unos diez años menor que el viejo y se me ocurre que él la fue conquistando con su eficiencia y don de gentes, antes que con su presencia de galán maduro. Reconozco que Sonia tenía un extraño atractivo: rostro anguloso, con pómulos fuertes y una boca grande de sonrisa fácil, ojos muy negros, pescuezo delgado, piernas de buen implante, cabello con un mechón prematuramente canoso, y una simpatía, nada estridente ni invasora, que sólo empezaba a captarse a partir del cuarto o quinto encuentro.

La mañana en que el viejo, siempre inclinado a emitir sus grandes comunicados en la cocina, me informó que se casaba, advertí que en él se estaba operando un cambio. Ya no leía el diario durante el desayuno, se le veía más animado, averiguaba detalles sobre mi trabajo, le hacía bromas a Juliska.

Me preguntó qué me parecía. Yo la conocía a Sonia y nos caíamos bien. «Me alegro», dije. «Ojalá tengas suerte.» Se sintió obligado a darme explicaciones. «No será lo mismo que con tu madre. Nos casamos muy jóvenes y eso es irrepetible. Pero si me caso de nuevo es porque la primera vez no me fue mal, ¿no te parece?»

El aval de Elenita fue mucho más reticente. Recién llegada a la adolescencia, se sentía aún muy apegada al recuerdo de mamá, a la que cada día idealizaba más. Esa misma noche hablé largamente con ella, tratando de que comprendiera que el viejo «era aún un hombre joven». «¿Joven?» preguntó azorada. «¿Joven a los cuarenta y tres años?» Agregué que era bueno que una mujer como

Sonia se incorporara a la familia. «Ya está Juliska», dijo, sabiendo perfectamente que el argumento no servía. Al menos me prometió que haría el esfuerzo de tratar bien a Sonia. «Acordate de que este cambio es muy importante para el viejo.» «Está bien», claudicó, «pero no voy a llamarla mamá.»

La nueva situación produjo cambios en la distribución doméstica de espacios. Como Natalia y Quique se habían recibido y habían empezado a trabajar profesionalmente, alquilaron un apartamento y Natalia nos dejó. Juliska lo festejó como si se tratara de la retirada final de las tropas turcas, cuando Nicolás I las despojó de buena parte del *sanyaq* de Novi Pazar. (Con las vibrantes lecciones que me daba Juliska mientras guisaba, llegué a saber más de Montenegro que de Paysandú.)

El último día que Natalia pasó en casa fui a una florería y le traje un ramo de rosas rojas, en reminiscencia de glorias pasadas. Ella se conmovió con el gesto y, también en reminiscencia de las mismas glorias, me besó en la boca.

El viejo compró un nuevo juego de dormitorio y se instaló con Sonia en la habitación del frente; yo pasé a la que había ocupado el viejo; Elenita, a la mía. Sólo Juliska permaneció firme en su reducto del fondo. Había aceptado a la nueva dueña de casa con paciencia montenegrina. En realidad ignoro si los montenegrinos son pacientes, pero ella (que me había enseñado que Montenegro en servocroata se llama Crna Gora) había nacido en las llanuras de Zeta y una vez me había mostrado una foto en sepia donde una Juliska niña aparecía sonriente a orillas del lago Skadar. Su visto bueno se concretaba a veces en un comentario alusivo, digamos: «Señor papá hacer bien nueva matrimonia. Hombra necesite mujero».

Al casamiento (ceremonia sólo civil y privadísima, pero con un cóctel en una confitería del Cordón) sólo concurrieron el tío Edmundo, los abuelos de Buenos Aires, dos o tres antiguos amigos del viejo (entre ellos, el devoto de Piendibeni), los padres de Sonia que bajaron desde Tacuarembó, mi ex vecino Norberto (el viejo había incluido en la lista a Daniel y Fernando, pero no los invité porque estaban enemistados y no quise ponerlos en una situación embarazosa), Natalia y Quique. También asistió Juliska, que estaba muy folclórica con un atuendo de su tierra y que fue la estrella de la noche gracias a su castellano básico. Al abuelo Javier fue el viejo personalmente a darle la noticia y a invitarlo, pero él se disculpó («tengo que cuidar a Dolores, que, desde que cerró la carbonería, está muy alicaída»). No obstante, la abuela, cuando se enteró, se animó bastante y dos días después llegó a decirme: «Que no me oiga Javier, pero tu padre siempre fue un putañero y es evidente que no le importa manchar la memoria de nuestra hija. Te aconsejo que a esa pelandusca (se llama Sonia ¿no?) no le dirijas la palabra. Es lo menos que podés hacer en homenaje a tu santa madre.» El abuelo Javier, en cambio (claro que a espaldas de su mujer) aprobaba con entusiasmo la decisión del viejo. Aunque con la gramática bien puesta, vino a decirme lo mismo que Juliska: «El hombre necesita a la mujer.» La abuela llevó su empecinado desacuerdo a simular una grave crisis de salud, con la vana esperanza de que la odiada boda se pospusiera, pero el abuelo, que la conocía de memoria, ni siquiera nos avisó ni llamó al médico. Le dio una aspirina, y ella, resignada por fin a lo inevitable, se mejoró en veinticuatro horas.

El ingreso de Sonia en la casa de la calle Ariosto modificó sustancialmente el ritmo y el estilo de vida. Como era buena cocinera, le enseñó nuevos y exquisitos platos (españoles, franceses, italianos) a Juliska, y, en una hábil táctica para ganarse su apoyo incondicional, aprendió puntualmente los platos de la yugo. De manera que pasamos a disfrutar de una cocina verdaderamente internacional. Como consecuencia directa de esa mejora, aumenté en sólo tres meses nada menos que cinco kilos, que por cierto no me vinieron mal, ya que estaba demasiado flaco.

Ciertos días yo me llevaba a casa algún trabajo de la agencia, en vez de hacerlo en las oficinas, y Sonia llegaba a veces más temprano que de costumbre. En esas ocasiones venía a conversar conmigo. Su encuesta era recurrente: «Contame cómo era tu mamá. Para comprender y ayudar a Sergio, necesito saber cómo era tu madre.» Entonces le contaba anécdotas, le describía rasgos y hábitos de mamá, y ella todo lo absorbía. Como una esponja. Yo podía haber falseado datos o impresiones, inventado episodios, pero, aunque tuve la tentación, hacerlo me pareció una canallada, de modo que me atuve a hechos y características reales. Extrañamente, con sus interrogatorios Sonia me obligó, sin que ésa fuera su intención, a reconstruir para mí mismo la imagen de mamá, y creo que la comprendí mejor, la quise retroactivamente más.

Las tres y diez

Mientras tanto, yo seguía pintando. Además de mis tradicionales relojes, había empezado a hacer retratos, por cierto nada realistas, de Natalia (antes de que nos dejara), de Juliska, de Elenita, de Sonia. Aún no me había atrevido con mamá (nunca quise basarme en fotografías) ni con Rita, aunque en este último caso no tenía demasiado claras mis razones. Me gustaba especialmente el retrato de Juliska, a pesar de que la modelo ocasional había dictaminado: «No ser ése. Yo más lindo.»

Por fin conseguí que una galería del Centro aceptara exhibir mis óleos y pasteles, dentro de un ciclo denominado «Jóvenes plásticos de Uruguay». La muestra se tituló *Relojes y mujeres* y el cuadro central era una nueva versión, esta vez al óleo, de *La hora del amor. Homenaje a Rita.* Con el pastel original, que había estado colgado en mi antiguo cuarto, ocurrió un accidente. Se aflojó el clavo, y el cuadro, al caer, golpeó fuertemente contra el piso. No le había puesto fijador para que no perdiera colorido, de modo que la figura del reloj se convirtió en un polvillo policromo, amontonado en la parte inferior, entre el vidrio y el marco. Sólo quedaron incólumes la manecilla horaria y el número IX.

En la versión al óleo introduje modificaciones. Ahora el hombrecito-minutero ostentaba un sexo visible y bien dispuesto mientras que la mujercita-horario lucía una pechitos evidentes, inspirados tal vez en los inolvidables de Natalia. Con tales incorporaciones, el reloj había mejorado su atractivo erótico, pero sólo eso. Así y todo le coloqué una tarjetita que decía *Adquirido*. No quería ceder a un comprador anónimo aquella invocación más o menos desesperada.

Hubo críticas favorables, que destacaron «la juventud y la originalidad del pintor», aunque un señor escéptico escribió que, a esta altura de su vida y de la historia del arte, ese «erotismo de los relojes» le inspiraba más lástima que admiración. Es probable que no todos leyeran su simpática diatriba, ya que, al cabo de las dos semanas de la muestra, había vendido dos mujeres y cuatro relojes, sin contar con que cada una de las mujeres llevaba su relojito a cuestas. Lo cierto es que mis relojes, grandes o pequeños, señalaban las más diversas horas, pero el público se interesó particularmente por el que marcaba las 3 y 10.

El surco del deseo

Ya había cumplido mis veintiún años cuando empecé una relación estable con una muchacha estupenda. No sabría decir si éramos novios «o algo así», como calificaba Juliska a las que, según ella, eran uniones irregulares. Casi nunca nos veíamos en casa, porque Mariana, que estudiaba Veterinaria, compartía un apartamento en la Aguada con Ofelia, una compañera de estudios, y ésta se iba todos los fines de semana a Maldonado, donde vivía su familia, de manera que el apartamento quedaba a nuestra entera disposición.

A Mariana la conocí en un baile del Club Banco Comercial. Bailamos toda la noche. La primera afinidad fueron los tangos, algo infrecuente entre los jóvenes, pero como entre cada tango y el siguiente transcurría a veces un cuarto de hora, nos sentábamos, tomábamos unos tragos y nos contábamos las respectivas historias, que no eran, vale reconocerlo, demasiado apasionantes. En realidad, no sé qué tramos se dejó ella en el tintero, pero sí sé que yo omití mencionarle al Dandy, mi iniciación con Natalia y mis encuentros con Rita.

Otra zona de exploración mutua fue más importante. Es virtualmente imposible que, después de varios tangos, dos cuerpos no empiecen a conocerse. En esa sabiduría, en ese desarrollo del contacto se diferencia el tango de otros pasos de baile que mantienen a los bailarines alejados entre sí o sólo les permiten roces fugaces que no hacen historia. El abrazo del tango es sobre todo comunicación, y si hubiera que adjetivarla diría comunicación erótica, un prólogo del cuerpo-a-cuerpo que luego vendrá, o no, pero que en ese tramo figura en los bailarines como proyecto verosímil. Y cuanto mejor se lleve en el baile la pareja, cuanto mejor se amolde un cuerpo al otro, cuanto mejor se correspondan el hueso del uno con la tierna carne de la otra, más patente se hará la condición erótica de una danza que empezó siendo bailada por rameras y *cafishos* del novecientos y que sigue siendo bailada por el *cafisho* y la ramera que unos y otras llevamos dormidos en algún rincón de las respectivas almitas y que despiertan alborozados y vibrantes cuando empiezan a sonar los acordes de *El choclo* o *Rodríguez Peña*.

Así, los sucesivos tangos de aquella noche, que no fue mágica sino muy terrestre, permitieron que mi cuerpo y el de Mariana se conocieran y desearan, se complementaran y necesitaran. Cuando, tres días después, nos despojamos de todo ropaje y nos vimos tal cual éramos, el desnudo textual nos trajo pocas novedades. Desde el quinto tango nos sabíamos de memoria. Algún detalle nuevo (un lunar, siete pecas, el color de los vellos fundamentales) era poco menos que subsidiario y no modificaba la imagen primera, la esencial, la que la disponibilidad sensitiva de cada cuerpo había transmitido a los archivos de la imaginación. La memoria del cuerpo no cae nunca en minucias. Cada cuerpo recuerda del otro lo que le da placer, no aquello que lo disminuye. Es una memoria entrañable, más, mucho más generosa que el tacto ya desgastado de las manos, harto contaminadas de rutina cotidiana. El pecho que toca pechos, la cintura que siente cintura, el sexo que roza sexo, toda esa sabrosa red de contactos, aunque se verifique a través de sedas, casimires, algodones, hilos o telas más bastas, aprenden rápida y definitivamente la geografía del otro territorio, que llegará, o no, a ser amado, pero que por lo pronto es fervorosamente deseado. Después de todo, el germen del amor tendrá mejor pronóstico si se lo siembra en el surco del deseo. ¿Dónde habré leído esto? A lo mejor es mío. Lo anoto para el tema de un cuadro (sin relojes): *El surco del deseo*. Tal vez suene demasiado literario. Pero no. Debe mostrar a una pareja que baila tango. Sólo eso. *El surco del deseo*. Nada más. Que el público imagine.

Ya queda dicho: entre Mariana y yo la primera alianza fue la de los cuerpos. El suyo era sin duda una de las siete maravillas de mi mundo. El mío era por lo menos un manojo de sensaciones nuevas. Los recorrimos, disfrutándolos, confirmando palmo a palmo la información veraz que trasmitiera el tango. Durante varios encuentros seguimos fascinados por esa comunión. No había pregunta de un cuerpo que no supiera o no pudiera responder el otro. ¡Hablábamos tan poco! Creo que teníamos miedo de que la palabra, al invadir nuestro espacio, nos trajera querellas, fracturas, desconfianzas. ¡Y el silencio era tan sabroso, era tan rico el tacto!

Así hasta que las palabras, otras y lejanas palabras, irrumpieron. Una noche llegué a mi casa y Juliska me esperaba con un sobre color crema. «Llegara con mucha perfuma», observó la yugo con toda la sonrisa de su boca campesina. El sobre llevaba estampillas brasileñas y no había remitente. Esperé hasta llegar a mi cuarto y allí lo abrí. Contenía una postal de Bahía: «Te felicito por la exposición. Me gustó tu aporte a mis agujas de las 3 y 10. No te enjuiciaré por plagio. ¿Has pensado en otra variante de la misma hora? ¿Que ella sea el minutero y él el horario? Sería una buena innovación. Te regalo la idea. O mejor te la cambio por un retrato. Eso sí, píntame con un relojito pulsera que marque las 3 y 10. Ah, y gracias por el homenaje. Besos y besos de mi boca débil en tu boca fuerte, todos de tu *Rita*.»

Mujer del Más Acá

La nuca inmóvil de Mariana, a pocos centímetros de mis ojos de insomnio, tenía un aura de serenidad, aún desconocida en mi escasa experiencia de mujeres dormidas. Lo escribió Lichtenberg (mi lectura más reciente): «Toda nuestra historia no es más que la historia del hombre despierto; en la historia del hombre dormido aún no ha pensado nadie.» Pensaré en la historia de la mujer dormida.

Habíamos hecho y deshecho el amor con una nueva, transformadora avidez, que no era sólo física; lo habíamos hecho con una dimensión del sentimiento que era distinta a la convocada por la conjura y la fascinación del tango. Era como si hubiéramos alcanzado otra región del goce, menos vibrante quizá pero más duradera. De pronto me sentí candorosamente hombre. No como antónimo de la mujer sino como sinónimo de ser humano.

Alargué mi brazo hasta su brazo y lo recorrí lentamente, de arriba abajo, para no olvidarlo. Ella apenas se movió y ronroneó mi nombre, en realidad no dijo Claudio con todas sus letras sino tan sólo las vocales, como si las consonantes se le hubieran quedado enredadas en el sueño. Eso me dio cierta seguridad, ya que siempre existe la posibilidad de que una mujer dormida pronuncie otro nombre, aunque ese nombre pertenezca al pasado. Es claro que si todavía comparece en sus sueños, ello implica que puede regresar a su vigilia.

Afortunadamente, como Mariana dijo el mío, mi mano se sintió autorizada a moverse hasta su pecho izquierdo, mi escala predilecta. Allí se quedó, como en un hogar que por fin acogiese al hijo pródigo. Los labios de Mariana besaron el aire cálido. Todavía dormida, se abrazó a mí y me retuvo y cuando por fin decidió despertarse se halló con la noticia de que yo estaba en ella, dentro de ella.

En realidad, esta nueva época había empezado una semana después de haber recibido la postal bahiana de Rita. Durante varios días me sentí destemplado, no acudí a encontrarme con Mariana, ni siquiera le telefoneé. Previamente tenía que ver claro en mí mismo. ¿Así que Rita había estado en Montevideo, había concurrido a la exposición y sin embargo no me había buscado? Conocía mi dirección, mi teléfono, mi café de rutina, mi trabajo, pero no había hecho nada por verme. Su recuerdo me seguía conmoviendo, pero ¿podía esclavizarme, sabiendo que, tal como había sido antes, como era ahora y como seguramente sería después, Rita era sólo una presencia huidiza, una suerte de meta inalcanzable? Yo no quería anularme ni sumirme en la frustración. Quería realizarme, tanto en mi vida amorosa en particular como en la vida en general.

Mi infancia y mi adolescencia todavía hacían destellos, pero yo era ahora un adulto, alguien que, ya que no confiaba en el Más Allá, debía insertarse en el Más Acá, gozar y sufrir en él, pagando el destino al contado y no como cuotas de un seguro de sobrevida. Cada vez el presente me conquistaba más. El pasado era una colección de presentes sellados; el futuro, una serie de presentes a emitir. La historia toda era un larguísimo, interminable presente. También lo era mi propia historia. El resto era sin duda incertidumbre, vacío. ¿Dónde estaba mamá? ¿Dónde estaba el Dandy? ¿Dónde mi abuela Dolores, muerta hacía sólo dos meses, todavía preguntando, obsesionada, si los anarquistas de la carbonería habían regresado clandestinamente de París para fabricar más francos franceses porque la primera edición la habían consumido íntegramente en el Folies-Bergère? Seguramente todos ellos se habían esfumado, instalado para siempre en la Nada. La Nada, eso era la muerte y no aquel sueño, repetido y en espiral, que proponía Rita. El Más Acá, en cambio, era Mariana, y entre una Rita que oscilaba entre fugas y apariciones, y una Mariana que permanecía junto a mí y me hacía feliz, me decidí naturalmente por Mariana, aun a sabiendas de que Rita seguiría acechándome y vigilándome en cualquier recoveco de mis días y noches por venir.

Fue a partir de esa elección que cambió mi relación con Mariana. Coincidentemente, mi ausencia de varios días la había hecho concentrarse en sí misma y medirse y medirme. Y había decidido jugarse por lo nuestro. Dos ex novios habían quedado en la cuneta. Me lo dijo sin llorar, con sus oscuros ojos bien abiertos. De modo que cuando volví a ella, y le narré asimismo cuánto había pesado Rita en mis vacilaciones (hasta entonces nunca se la había mencionado) y le dije que me quedaba definitivamente con ella, el hecho de que eligiéramos, ella a mí, yo a ella, cada uno a solas y en libertad, significó un pacto espontáneo, sin papeles ni testigos, y cuando por fin nos abrazamos, por primera vez más acá y más allá del tango que nos había juntado, sabíamos que esto iba a ser perdurable, es decir todo lo perdurable que admite lo transitorio.

¿Para qué hablar?
(Fragmento de los Borradores del viejo)

¿Por qué seré tan callado? Cuanto más hablan los que me rodean, menos ganas tengo de decir algo. Tal vez sea éste el sentido de estos *Borradores*, que he retomado después de seis años. Decir algo. No sé con quién hablar de Aurora. A veces pienso que Claudio comprendería, pero el muchacho está en otra cosa. Sonia está bien. Se las ingenia para acompañarme y no quiero herirla. Es cierto que no hablo mucho con ella. Mi cuerpo sí habla con el suyo y quizá es suficiente. ¿Lo será? Confieso que me mantiene vivo, me destedia el tedio. Ni siquiera le he dicho que su vientre es una delicia. Se lo diré. Me lo prometo. Tampoco ella es muy locuaz. Después de todo, ¿para qué hablar cuando hacemos el amor? Con Aurora la fiesta era distinta. En primer término, era *fiesta*. Ella no sólo gozaba, también se divertía. Nuestro acto era alegre. No está mal reír en pleno orgasmo. Echo de menos la fiesta. Ahí reside el secreto. Aurora no era callada, y yo tampoco lo era en tiempos de Aurora. Me provocaba con preguntas. Me hacía pensar. Sonia, en cambio, cuando habla, ya brinda las respuestas. Respuestas a preguntas que yo no he formulado. Aurora era insegura. Sonia es segurísima. Yo estoy seguro de mi inseguridad. Qué lío. Hoy estuve haciendo cálculos sexuales. La verdad es que he pasado por pocas mujeres. ¿Por fidelidad? ¿Por pereza? No sé. Sólo conté ocho. A mis casi cincuenta, no es una marca como para el Guinness. De las otras, es decir de las ilegales, cinco fueron tan sólo breves escalas. No me dejaron rastros. La que sí me dejó algo fue aquella Rosario. Tal vez no supe retenerla. De otras recuerdo sus pechos, su sexo, sus piernas. De Rosario, sus ojos. Más que sus ojos, su mirada. Miraba como queriendo decir algo y no diciéndolo. Nunca la vi llorar. A veces le decía cosas duras, poco menos que agraviantes, para ver si lloraba. Pero ella sólo me miraba, profundamente pero sin lágrimas. ¿He sido alguna vez feliz? Antes de Aurora, perdí a Rosario. La pobre Aurora se apagó sola. Y ahora está Sonia, que sabe acompañarme. La duda es si somos una pareja. Creo que sí, pero no debería dudar. Me parece.

¿Por qué me habré mudado tantas veces? Pasé por más casas que por mujeres. Estos *Borradores* los escribo y los guardo aquí, en el hotel. No son para nadie, ni siquiera para mí. No me son indispensables. Podría vivir sin escribirlos. En realidad, esto no es escribir. Apenas es decir algo sobre el papel.

El hotel. Es el mejor trabajo que he tenido. Sólo por el privilegio de ver los pinos desde mi despacho, sólo por eso valdría la pena. Además, me llevo bien con la gente: empleados, turistas. Por lo general, me he llevado mejor con mis lejanos que con mis cercanos. Con todo, mi más cercano sigue siendo Claudio. No sé si vale como pintor. La verdad es que lo que hace no me gusta demasiado. Se ha puesto un poco pesado con eso de los relojes eróticos. Prefiero que sea buena gente (lo es) antes que buen pintor.

El pino mayor mueve su copa. Qué elegancia. Me acompaña bien, como Sonia. Un gallo canta lejanísimo, y luego otro, más cercano. A menudo me vienen ganas de responderles. Pero sólo sé emitir cacareos humanos, no tangos de gallo.

Las constancias del viudo

Como antes, como cuando vivía la abuela Dolores, seguí consagrando las mañanas de los domingos (salvo cuando voy a la feria) al abuelo Javier. Pero esta vez fui con Mariana. Tenía el pálpito de que iban a sintonizar. Y sintonizaron. A Javier se le iluminaron los ojos, casi siempre abatidos, entornados. Le tocó la mejilla con una sola mano, como si quisiera confirmar con el tacto lo que mal distinguían sus ojos miopes. «Qué linda», dijo, exultante. «Y qué estupendo ser jóvenes para quererse. Ya me olvidé de cómo era ser joven, pero no de cómo quise y de cómo me quisieron.» «¿Dolores?», pregunté, imprudente. «Dolores y Eugenia, Pastora, Isabel, etcétera.» «Caramba abuelo, todo un harén», comentó Mariana. «No te asombres, muchacha linda, ni te sorprendas si un día este nieto mío quiere a una o a otra. Es bueno tener un corazón grande, donde quepan muchos amores.» «¿Y yo, abuelo, tengo permiso para agrandar mi corazón?» «Ah no, chiquilina, ahí no hago concesiones. Soy insobornablemente machista.»

Se quedó un rato pensativo. «Ah, me olvidaba, también quise a una Rita.» «¿Y qué pasó?», pregunté, sorprendido y casi retroactivamente celoso. «Pasó sencillamente que se esfumó. Era linda y seductora. La verdad es que ésa no se me entregó. Sólo desapareció. Y no creo que la tratara mal. Por lo general, ninguna tuvo quejas de mí. Un día, o más bien una noche, la magia terminaba, pero quedábamos amigos. Hasta hubo una, Pastora, que acabó siendo amiga de Dolores.» «Parece que las Ritas son escurridizas», insistió Mariana, sin mirarme.

Como era de esperar, el abuelo no desperdició la ocasión de contarle a Mariana todos y cada uno de los pormenores de la célebre fuga y de la teoría de la abuela Dolores. En su nueva versión, corregida y aumentada, Javier narraba que los fugitivos, antes de subir al auto, habían cantado la Internacional. «¿Pero cómo?», pregunté, «¿no eran anarquistas?» «Tenés razón. Entonces habrán cantado el himno. O algún bolero. Pero cantaron.» Mariana se divertía de lo lindo, y como afortunadamente el abuelo no era nada necio, él también se burlaba de su propio embuste.

El patio trasero de la iglesia estaba desierto. «Los curas ya no juegan al fútbol», nos informó Javier, «y, como era previsible, ha disminuido considerablemente la feligresía juvenil de los domingos. Mi teoría es que los curas se fueron poniendo viejos y al final de los partidos acababan asmáticos, rengos, taquicárdicos.»

Me preguntó por mi padre. «Decile a Sergio que venga a verme y que traiga a Sonia, así la conozco. Ahora no está Dolores, que la odiaba sin ningún motivo, así que tiene cancha libre. Dolores siempre buscaba (y lo peor: encontraba) un tema obsesivo: la carbonería, Sonia, y tantos otros. Y no piensen que fue cosa de estos últimos años. En otros tiempos tenía una fijación con el presidente

Batlle. Cuando veía en los diarios una foto de don Pepe, la rompía en pedacitos. Fíjense, un político tan notable. Ella decía que era blanca, pero tampoco le gustaba Herrera. Sólo elogiaba a Saravia, que era su dios y su profeta. Ah, pero reconozco que de jóvenes lo pasábamos bien. Pero ¿quién no lo pasa bien cuando joven? Entonces uno no se da cuenta (sólo lo advierte muchos años después, cuando empiezan los achaques y las manías) pero la juventud es una maravilla. A ver si ustedes dos no esperan a ser viejos para darse cuenta, ¿eh? La maravilla es lo que tienen ahora, no lo que recordarán más tarde, entre la neblina de la memoria llorosa. Ya ven, les mencioné hace unos minutos varias mujeres de mi vida, y sin embargo, si bien tengo presentes los nombres, no me acuerdo de los rostros.» Y agregó con un resto de picardía: «Lo que conservo son recuerdos parciales. Por ejemplo, los pechos de Eugenia, el sexo de Isabel.» «¿Y de Rita?» preguntó Mariana. «¿De Rita? Sólo la estela que dejó en su fuga.»

Pies en polvo rosa

En realidad, Claudio no se llamaba sólo así, sino Claudio Alberto Dionisio Fermín Nepomuceno Umberto (sin hache). El hábito de semejante ferrocarril de nombres venía de familia, probablemente de una tradición con arraigo en el centro de Italia, digamos Umbria o Toscana, ya que su padre se llamaba Sergio Virgilio Mauricio Rómulo Vittorio Umberto, y su abuelo, el del almacén de Buenos Aires, Vincenzo Carlo Mario Umberto Leonel Giovanni. Y así, no sucesiva sino retroactivamente. Como se observará, el nombre Umberto es el único que se repite, la identidad constante, algo así como la marca de fábrica.

Para Claudio aquella retahíla de nombres era una pesadilla y a menudo le había significado una incomodidad, especialmente cuando debía tramitar o conseguir un documento cualquiera. Recordaba con particular vergüenza una de esas humillantes gestiones. Meses antes de cumplir sus dieciocho años había concurrido a una oficina de la Corte Electoral a fin de iniciar el trámite correspondiente a su Credencial Cívica, para así estar en condiciones de votar por primera vez (a instancias de su padre lo haría por una lista batllista) en el siguiente noviembre. A cada postulante se le había asignado un número y a él le correspondió el 21. Cuando por fin le tocó el turno y se enfrentó a un veterano, de gesto cansado y guardapolvo gris, que debía llenar en cada caso más de veinte formularios con los datos correspondientes, él extrajo de su bolsillo el certificado de nacimiento, en el que muy apretadamente había entrado su sexteto de nombres. Aquel grisáceo especialista en rutinas leyó detenidamente la línea donde constaba Claudio Alberto Dionisio Fermín Nepomuceno Umberto Emilio. Preguntó en tono neutro si Umberto se escribía sin hache, y ante la respuesta afirmativa, y sin que ningún gesto extemporáneo hiciera patente su tormenta interior, dijo en voz alta: «Las personas que tienen asignados los números 22, 23 y 24 hoy no serán atendidas y deben presentarse el próximo lunes.» Hubo algunos murmullos y hasta un amaguito de protesta, apagado el cual, el funcionario de guardapolvo gris comenzó a llenar el primero de los veintitrés formularios.

Una noche en que, después del amor, se quedaron Mariana y Claudio, todavía desnudos, en la cama de ella, empezaron, como lo hacían frecuentemente, a contarse cosas (siempre les quedaba alguna peripecia inédita), y él, como máxima prueba de confianza, le confesó su procesión de nombres. Mariana, que tenía la risa fácil, empezó con mohínes de asombro y concluyó en carcajadas de repetición. Por cierto que Claudio no se agravió ante esa singular acogida a su larguísima identidad; más bien se dedicó a un disfrute inesperado, que era ver y admirar cómo el lindo cuerpo desnudo de la muchacha se sacudía y contorsionaba a consecuencia de las risas en cadena. El nombre que más le divertía era Nepomuceno y, a partir de aquella jornada, cada vez que, por alguna razón, importante o nimia, discutían, ella de pronto decía «Nepomuceno» y el nombre clave les devolvía la alegría de estar juntos. «Y vos, ¿cómo te llamás? ¿Mariana y qué más?» «Mariana y punto», dijo ella. Y así, cada vez que ella lo llamaba Nepomuceno, él replicaba «Mariana y punto».

Claudio seguía pintando. Mariana posó durante horas, pero en cada sesión se quitaba el reloj pulsera. Claudio percibía que aquel gesto era un rito-anti-Rita. Como habían convenido que Mariana sólo viera el retrato cuando él diera la última pincelada, Claudio estuvo tentado de incluir en el óleo el relojito que la propia modelo descartaba, pero tuvo miedo a las consecuencias y abandonó la idea. Cuando al fin Mariana fue autorizada a mirar el cuadro y se sintió muy orgullosa del resultado, dijo: «Qué suerte, Nepomuceno, que no colocaste un relojito. No lo habría soportado.» Claudio no mencionó sus desechadas tentaciones. Sólo dijo: «Mariana y punto: creo que este humilde artista merece un premio.»

Media hora más tarde, ya cobrado el premio en especie, preguntó: «¿Me dejarás que la próxima vez te pinte desnuda o preferís que elija otra modelo?» «¡Pero Claudio!», gritó ella, olvidada esta vez de Nepomuceno, y se cubrió con la sábana rosada. (Claudio odiaba ese color, pero reconocía que la cama y las sábanas eran de ella y no suyas.) El movimiento fue tan rápido, que los pies, muy blancos y delicados, quedaron allá abajo como un único saldo de desnudez que sobresalía de la sábana rosa. Sólo ahí él se dio cuenta cabal de lo hermosos que eran y fue precisamente en ese instante que nació el tema de su próximo cuadro: *Pies en polvo rosa*.

Voces lejanas

«Yo también dejé de estudiar», dijo Norberto. «Trabajo en el Ministerio de Hacienda y no me va mal. Hace un mes que me aumentaron el sueldo. Me casé hace ya un año con Maruja, a lo mejor te acordás de ella, también era de Capurro.» La recordaba muy vagamente, ya que era dos o tres años menor que nosotros y entre niños ésa era mucha diferencia.

Lo había encontrado a la salida de la agencia, al mediodía de un lunes. Hacía como dos años que no nos veíamos, así que decidimos allí mismo almorzar juntos. Estábamos en plena Ciudad Vieja, así que fuimos a *La Bolsa*, que quedaba a pocos metros, es decir en Piedras, entre Zabala y Misiones. Más que un restorán, aquélla era la simpática cantina de unos gallegos (trabajaba allí toda la familia), buena gente, alegre y trabajadora. Yo iba a menudo a almorzar allí, a la salida de la agencia, y algunos de ellos, como Manolo, que servía de mozo, e Inma, la cajera (sólo un tiempo después me enteré de que ese nombre casi impronunciable era un apócope de Inmaculada), me trataban con una confianza casi familiar. Tenían una manera de manejar el idioma que me encantaba. Por ejemplo, si llegados a los postres, dos comensales pedían cada uno «un flan doble», Manolo ordenaba a la cocina: «¡Dos flandobles!», y a mí me sonaba como dos mandobles. Una vez que pedí sopa y al primer intento comprobé que la cuchara tenía un importante agujero por el que la sopa volvía a su plato de origen, llamé a Manolo y le mostré el estropicio. Él levantó la cuchara a la altura de sus ojos y al verificar la existencia del orificio por mí denunciado, exclamó con auténtica consternación: «¡Me cajo en Dios, qué buraco!»

Pues allí fuimos con Norberto, que se asombró al comprobar con qué gestos amistosos me recibía Manolo y qué alegre saludo me dedicaba Inma desde la caja. No había mucho para elegir, así que pedimos melón con jamón y milanesa con ensalada. Durante el jamón con melón, Norberto me habló de Maruja y de su loable propósito de tener hijos (por lo menos dos) en un plazo relativamente breve. «Si Dios quiere», agregó, cauteloso. «Así después nos quedamos tranquilos y los pibes crecen juntos. A mí nunca me gustó ser hijo único. Ni por las ventajas ni por las desventajas.» Al parecer, Maruja estaba de acuerdo: ella también era hija única y había sufrido esa condición. «Vos tuviste suerte. Tenés una hermana. Se llama Elenita ¿no?» Sí, Elenita. Le informé que ya estaba en el Liceo y hasta tenía novio. Me lo había dicho en secreto porque no se atrevía a confesárselo al viejo ni mucho menos a Sonia, con quien las relaciones habían mejorado pero de ningún modo eran las ideales. Además, había agregado, él es paraguayo y no sé cómo le caerá al viejo que yo esté liada con un extranjero. Yo la había animado: un paraguayo no es un extranjero, acordate que nada menos que Artigas eligió ese país para exiliarse. La referencia histórica le levantó el ánimo, a tal punto que dos días después se lo dijo al viejo. Y qué te dijo, le pregunté. ¿Que qué me dijo? Que si los uruguayos eran tan feos como para que yo hubiera tenido que elegir a un paraguas. Lo peor fue que lo llamara paraguas. Y ella le había respondido: Para que veas, papá, no fui yo quien lo elegí. Fue él quien me eligió. El viejo tuvo que reconocer que, después de todo, el paraguas tenía buen gusto.

Norberto se rió con el cuento, pero insistió: «¿Ves la ventaja de no ser hijo único? Tu hermana te toma de confidente y busca tu apoyo. Yo no tuve a nadie a quien apoyar ni mucho menos alguien que me apoyara.»

Ya en plena milanesa con ensalada, me puso al tanto de su *hobby* actual: era radioaficionado. Un tío suyo lo era, y además tenía plata. Le había regalado un transmisor-receptor de considerable alcance, así que en los últimos tiempos se pasaba horas enteras con los auriculares puestos e intercambiando mensajes con tipos de Venezuela, Puerto Rico o Santa Cruz de Tenerife. El entusiasmo le había llevado a tomar clases de inglés, y aunque todavía no lo hablaba con soltura, le alcanzaba para comunicarse con Liverpool, Ottawa o Boston.

«Como te podrás imaginar, en onda corta, así como el castellano que se habla no es el de Cervantes, tampoco el inglés es el de Shakespeare. Con saber decir *Hullo*, *What's the weather like*, *It looks like rain*, *What a pity*, es más que suficiente. Además vos sabés que (padre Ricardo aparte) yo siempre tuve inclinaciones religiosas, de modo que espero que algún día, mientras voy moviendo el dial, suene de pronto una voz grave y protectora, que diga (en castellano, claro, Dios habla en inglés sólo a los protestantes): Dios llamando a Norberto. Cambio. El problema es qué le contesto», concluyó Norberto, fingiéndose compungido, ya que era evidente que se estaba burlando de sí mismo y de su antigua religiosidad.

Tras pedir y consumir «dos flandobles», Norberto me comprometió a que fuese a su casa. «Por dos razones. La primera es que conozcas (o reconozcas) a Maruja. La segunda, que veas mi equipo de radio. Vení con Mariana, claro.»

A la semana siguiente fui con Mariana. Yo no habría reconocido a Maruja, pero en cambio la reconoció Mariana, ya que, para sorpresa de Norberto y mía, habían sido compañeras en no sé qué colegio de monjas. «Este Montevideo es una aldea», dijimos todos, tan concertadamente como si interpretáramos el cuarteto vocal de *Rigoletto*.

Mientras ellas repasaban sus recuerdos monjiles, Norberto me llevó a su sanctasanctórum. El aparataje era impresionante. Se puso los auriculares y me colocó otros a mí. Empezó a recorrer el espinel hertziano. Línea a línea del dial iban apareciendo voces extrañas e idiomas imposibles, pero asimismo un tucumano que clamaba por una limeña, y un carioca que anunciaba tener una mala noticia para un bogotano. Se llamaban con letras y números en clave, por ejemplo CX1BT (y enseguida aclaraban: CX1-batería-tierra). Aquello era agobiante. Las voces del universo estaban allí. No me extrañaba que Norberto acariciara la esperanza de escuchar la voz del Señor, ya que aquel aparato parecía tener un alcance ilimitado. Había voces que llegaban, qué duda cabía, de las galaxias, donde quizá Dios fuera a descansar todos los domingos (costumbre adquirida desde la Creación) así como nosotros vamos a Portezuelo o a La Paloma.

Norberto se levantó y me hizo señas de que iba a buscar a las mujeres para que ellas también disfrutaran de aquel vocerío, que a menudo se mezclaba con extraños pitidos a lo manisero, o también con estentóreos tableteos, que tanto podían ser truenos como ametralladoras o simples carcajadas de Mandinga.

Me quedé escuchando, a esa altura fascinado por la banda sonora del universo. Una voz atiplada, pero castiza, de Bogotá, había establecido contacto intermitente, entre «cambio» y «cambio», con otra, de acento inocultablemente caribeño, quizá de Maracaibo, y entre una y otra fueron repasando y comentando los resultados de *baseball* de la última jornada. Como aquello me aburría soberanamente, moví el dial. Entonces sonó en mis auriculares: «Rita llamando a Claudio. Cambio.» No podía creerlo. Pero pasaron dos minutos y volvió a sonar: «Rita llamando a Claudio. Cambio.»

Sentí que Norberto me quitaba los auriculares. Había entrado con Maruja y Mariana y no me había dado cuenta. Norberto me preguntó qué me pasaba. «Estás pálido», dijo Mariana. «No sé, no sé, tal vez me haya mareado con tantas voces.» «Tengo la impresión de que te desmayaste», dijo Maruja. «Puede ser», admití, «pero mareado o desmayado o dormido, seguí escuchando voces y voces, mensajes y mensajes.» «No creo que te hayas desmayado», dijo Maruja. «Tenías los ojos bien abiertos.» Mariana rió: «Como si hubieras visto un fantasma.»

No siempre es así

Por fin conocí al Paraguas. Es de una tal timidez, que yo, a su lado, me sentía Ricardo Corazón de León. Tiene, sin embargo, una mirada franca y una risa espontánea y contagiosa. Como todos los paraguayos que conozco, es de tez aindiada y, además del castellano, habla (y sobre todo canta) en guaraní. Hay que insistirle mucho para que cante, y nunca lo hace si hay más de tres o cuatro personas dispuestas a escucharlo. Su voz es agradable y además el guaraní parece una lengua creada especialmente para ser cantada. Como era natural, Elenita lo miraba embelesada.

A veces van ambos al hotel, creo que para que el viejo se vaya habituando a la presencia del muchacho. El viejo nunca fue puritano, pero no se atreve a hacerle ciertas recomendaciones a su hija. Demasiado sabe que entre Elenita y Sonia no hay suficiente confianza, así que decidió pedirme que le transmita a Elenita algunas normas elementales en el rubro sexualidad. En realidad, le aterra la mera posibilidad de que el Paraguas la deje preñada. De manera que no tuve más remedio que tratar con ella el espinoso tema. Menuda sorpresa. El Paraguas será tímido pero nada estúpido. Sabe tomar sus precauciones. «Tate tranqui, Claudio», me dijo Elenita antes aún de que yo entrara en materia. «Y decile a papá que no se preocupe. Todavía no le vamos a dar nietos.» Aquel diálogo me provocó una reflexión profunda: ¡Cómo cambian los tiempos! Dije aquel tópico junto a los pinos, pero en voz baja y algo avergonzado. Me sentí tan ridículo como la tía Joaquina.

A partir de aquella prueba fehaciente de madurez precoz, resolví no referirme más al Paraguas (ni siquiera mentalmente) con ese mote, sino con su nombre, que para mi vergüenza era breve y único: José. A la vista de José y Elena, que se paseaban por el jardín del hotel, muy abrazaditos, me pregunté dónde llevarían a cabo sus pecados. El tímido vivía en una pensión de la Unión, con otros compatriotas, y allí no permitían visitas clandestinas, y menos de menores. Bah, ya se arreglarán.

De paso comprobé que en los árboles habían grabado más iniciales, sólo que ahora los presuntos amadores prescindían del consabido corazón. Entre las nuevas duplas, había una que, por razones obvias, me llamó la atención: C y R. Con un gesto brusco decidí espantar aquella eventualidad como si se tratara de una nube de mosquitos. Además, pensé, si lo hubiera grabado Rita, jamás habría puesto C y R, sino R y C, de eso estoy seguro.

Hacía tiempo que no estaba solo entre esos pinos tan acogedores. La soledad me duró poco. Apareció Sonia y se sentó en uno de los venerables bancos de plaza que el viejo había adquirido en un remate y que sin duda armonizaban con el contorno. «Decime un poco», empezó Sonia, «hace tiempo que quiero preguntarte algo. Si Mariana y vos se llevan tan bien como parece, ¿por qué no se casan?» No sé bien por qué la pregunta me indignó y estuve a punto de decirle que no se metiera en mi vida, que no era mi madre, etcétera. Ella se dio cuenta de que mi procesión iba por dentro y balbuceó: «Perdoname.» De modo que silencié mi sarta de reproches. Y no me arrepentí, porque Sonia no es mala gente y además le ha hecho bien al viejo.

Es cierto que sus maneras de amor (descarto la posibilidad de que éste no exista) son para mí un enigma. Nunca los he visto acariciarse, ni mucho menos besarse en público, ni siquiera cuando estamos en familia, pero no creo que esa discreción sea un colmo de pudor sino más bien un estilo. Por otra parte, su relación es jovial y yo diría (aunque jamás osaría comentarlo con nadie en estos términos) que se llevan administrativamente bien. Otra vez me siento ridículo como la tía Joaquina.

«Hasta ahora no hemos barajado esa posibilidad», le respondí finalmente a Sonia. «Después de todo, ¿no te parece que el matrimonio es apenas un trámite y que significa muy poco para una pareja que hace vida en común?» Sonia levantó la cabeza. No sé si miraba a lo lejos o dentro de sí misma. Luego dijo: «No siempre es así.»

Otra vez Mateo

Desde que estuviera con Norberto y Maruja, y repasaran juntos sus recuerdos de Capurro, a Claudio le había aparecido en sueños varias veces el barrio de su infancia, y en particular un personaje: el ciego Mateo. Se despertaba con un sentimiento de culpa. Sabía que un tiempo después de que él fuera a darle su «adiós por ahora», Mateo se había ido de Capurro. Más aún: se había casado. Varias veces había tratado de averiguar sus señas actuales, y había fracasado, pero ahora se recriminaba no haber insistido. No podía ser que alguien, sin salir de Montevideo, se esfumara sin dejar rastro.

Le telefoneó a Norberto, y éste, a pesar de no haber tenido relación con los Recarte, le consiguió el número de María Eugenia. Así que la llamó, y ella pareció muy contenta ante la evidencia de que Claudio no los hubiera olvidado, y por supuesto le dio la dirección y el teléfono de su hermano. «Mejor no le telefonees. Andá simplemente a verlo, así le das esa buena sorpresa. ¿Por qué no vas el domingo a la tarde?»

Fue el domingo a la tarde. Sin ser lujosa, era una linda casa de dos plantas, en Punta Gorda, frente a la costa. Le abrió la puerta una mujer joven, agraciada y simpática. «¿Usted es Claudio, verdad? Yo soy Luisa, la mujer de Mateo. Mi cuñada me avisó que usted vendría. Pero Mateo no sabe nada. Venga conmigo.»

Él la siguió como si fuera a introducirlo en el pasado. Estaba lleno de expectativas pero también con un poco de inquietud. Pensó que ahora ya no era un niño y que Mateo debía tener unos treinta y tres años. ¿Cómo sería esta nueva relación, de adulto a adulto?

Luisa abrió una puerta y entraron en un ambiente luminoso, con un amplio ventanal que daba al mar. De espaldas al paisaje estaba Mateo, en una mecedora, escuchando la radio. A Claudio le pareció que no había cambiado mucho, aunque a primera vista podía detectar algunos cabellos de menos y algunos kilos, no muchos, de más.

«Apagá la radio», dijo Luisa, «que te traigo una visita importante. A ver si adivinás quién es.»

Mateo rió con ganas. «Vení, Claudio, quiero darte un abrazo.» Luisa y Claudio se miraron, desconcertados. Entonces él se acercó a Claudio y lo abrazó con fuerza y con afecto.

«Por favor, no atribuyan este inesperado reconocimiento a mi famosa intuición de ciego, eh. Resulta que mi hermana, famoso estómago resfriado del ancestral Capurro, no pudo contenerse y me llamó hace una media hora. De todas maneras, se lo agradezco, así pude preparar el ánimo para recibir a tan excelso personaje.» «Ah, traidora», dijo Luisa. «No se puede con mi cuñadita.»

Evidentemente Mateo estaba contento. Cuando Claudio empezó a hablar, lo interrumpió: «¡Qué increíble tu voz de ahora! Es como si la melodía que antes escuchaba en un violín, ahora la escuchara en un violoncelo. Ah, pero todo tiene sus limitaciones. Todavía no puedo imaginarte con un cuerpo y una presencia de hombre.»

Luisa asistía divertida al reencuentro. Salió un momento y volvió con varias copas, bebidas y una cubetera de hielo.

«¿Qué me contás de mi nuevo estado? ¿Te fijaste en esos dientes de conejo, tan simpáticos, que tiene mi mujer? Por eso yo le digo que, además de vidente, es *bi-dente*. ¿Y vos? ¿Seguiste estudiando? ¿Tenés novia? ¿Cómo está tu padre? Alguien me dijo que dirige un hotel y que se volvió a casar. ¿Y tu hermanita?»

Acribillado por las preguntas, Claudio fue desmenuzando las respuestas, que por supuesto provocaban nuevas preguntas. Su amigo estaba radiante, pero Claudio no cayó en la arrogancia de atribuirlo tan sólo a su visita. Sencillamente, Mateo era feliz.

Así y todo, le era difícil reconocerlo en esa euforia. Algún reducto de su memoria echaba de menos la antigua serenidad, el inteligente sosiego del otro Mateo Recarte, el de Capurro.

Cuando Luisa los dejó solos, el ciego quedó unos instantes en silencio y luego dijo: «Presumo que te debe extrañar verme tan locuaz y casi alborozado. Yo mismo a veces no me reconozco. ¿Sabés lo que pasa? A partir de mi encuentro con Luisa, todo ha cambiado. Desde mi condición de ciego un poco estúpido, nunca me atreví a imaginar una vida como la que ahora llevo. ¿Quién osaría cargar con un ciego como marido? ¿Otra ciega? Quizá, pero nunca la encontré. Una vez se me acercó una, de nombre Rita, pero luego resultó que no era ciega, y no me gustó el engaño. Con Luisa nos enamoramos a través de la filosofía, las matemáticas, la literatura, la cultura en general. Vos dirás que todo ese cargamento no alcanza para quererse. Y tendrás razón. Pero sin ese cargamento no nos habríamos conocido y reconocido, no nos habríamos metido de cabeza en el amor. Mis viejos y mi hermana me dicen que Luisa es linda y no preciso que me lo confirmen. Lo sé. Una trayectoria singular, ¿no te parece? De la abstracción de las matemáticas al amor concreto de los cuerpos. Te aseguro que la amo con mis cuatro sentidos y no me hace falta el quinto. En todo caso, nuestro quinto sentido es el buen humor. ¿Qué más queremos? Después de todo, mis manos no son ciegas. La conocen bien.»

«Qué hermosa casa tenés», dijo Claudio. «Sí, me gusta estar frente al mar. No veo tu faro, pero oigo las olas. A veces me quedo largos ratos junto al ventanal. Es una maravilla escuchar las olas. Parecen todas iguales y sin embargo cada una trae un sonido distinto y seguramente también un mensaje distinto. ¡Pensar que hablo tres lenguas y sin embargo no entiendo a las olas! ¡Cuánto nos falta para alfabetizarnos! Me conformo diciéndome que después de todo no es tan importante. El sonido del mar es una música, y ¿a quién se le ocurre entender el idioma musical de Brahms, de Bach o de Schoenberg? Ellos no compusieron para que los entendiéramos sino para que los disfrutáramos. Las olas son mi *Verklärte Nacht*.»

Claudio estuvo allí dos horas. Luisa lo invitó a cenar, pero él había quedado en encontrarse en un cine, con Mariana. «La tenés que traer», dijo Luisa, que de pronto había decidido tutearlo. Se despidió de Mateo, con otro abrazo, y Luisa lo acompañó hasta la puerta. Él la miró con admiración. «No sabés cómo me alegro de que Mateo esté tan bien y tan contento.» «Sí», corroboró ella, sonriendo. «Estamos muy bien y muy contentos.» Claudio atrapó aquel plural, antes de que se desvaneciera en el aire salitroso.

Un milagro

Aquel día que estuvimos en su casa, y cuando ya nos íbamos, Norberto me llamó aparte y me entregó una hoja doblada. «Para que lo leas después. Es un cuentito. No sé si tiene algún valor. Tal vez sea fruto de mis desgastes y desajustes religiosos.» No lo leí esa noche en mi casa sino mucho después en la de Mariana. Se titula «Un milagro»:

Un santo milagroso. Eso era. Las beatas del pueblo juraban que lo habían visto sudar, sangrar y llorar. Desde la capital una agencia turística organizaba excursiones para mostrar al Santo. Para unos se trataba de san Miguel; para otros, de santo Domingo o de san Bartolomé y no faltó quien afirmara que se trataba de un san Sebastián; algo extraño, ya que le faltaban las flechas. Y como la propia Iglesia no se ponía de acuerdo, la feligresía optó por llamarle el Santo y nada más. De todas maneras, el párroco estaba encantado con el aluvión limosnero.

Marcela no vino en excursión. Ella y sus padres vivían desde siempre en el pueblo, o sea que conocía al Santo desde niña. Su imagen había estado presente desde sus primeros sueños infantiles. Ahora tenía diecisiete años y era la más linda en varias leguas a la redonda.

También el Santo era apuesto y cuando Marcela iba a la capilla y se arrodillaba frente al altarcito lateral en que el

Santo moraba, su devoción tenía sutiles trazos de amor huma-
no. Una mañana de lunes, cuando el templo estaba desierto, la
muchacha se acercó al Santo, lo miró largamente y esta vez su
suspiro fue profundo. Luego se arrimó y comenzó a besar mi-
nuciosamente aquellos dolidos pies de yeso. Luego acompañó sus
besos con caricias en las piernas descascaradas.

De pronto sintió que algo humedecía su brazo. Al co-
mienzo no quiso creerlo, pero era así. Un milagro inédito, des-
pués de todo. Porque aquello no era llanto ni sangre ni sudor.
Era otra cosa.

«¿Qué te parece?» le pregunté a Mariana. «No sé.
Me ha dejado algo confusa. Tengo la impresión de que
transcurre en una línea fronteriza. Pero es una frontera
que no aparece muy frecuentemente en la literatura: la que
separa la religión del erotismo.»

Con un levantamiento de cejas, inquirió mi propia
opinión. «A mí me gustó, tal vez porque ocurre justa-
mente en esa frontera. El Santo se humaniza. En esa últi-
ma línea, deja de ser de yeso para ser de carne.» «¿Y qué
le vas a decir a Norberto?» «Pues eso.»

El capital es otra cosa

Por entonces empecé a frecuentar al tío Edmundo, hermano del viejo. Siempre me había caído bien, pero en verdad nos conocíamos poco. Sólo venía a vernos en los velorios (cuando murió mamá) o en las bodas (la del viejo con Sonia). Sin embargo, se llevaba bien con su hermano y a menudo se telefoneaban. Pero a Edmundo le costaba hacer visitas. Su mujer, la tía Adela, que había sido muy cariñosa conmigo allá en mi infancia, cuando vivíamos en Constitución y Goes, había muerto a consecuencia de un error médico, o tal vez de mala información: una enfermera algo inexperta le dio una inyección de no-sé-qué y resultó que ella era alérgica al no-sé-qué. Para el tío eso fue un sacudón inesperado. Ambos eran bastante jóvenes, aunque a mí me parecían dos veteranos. De modo que Edmundo se sintió como un corredor de fondo que se quedara exhausto a mitad de carrera.

Le costó años sobreponerse a esa ausencia y quizá por eso se metió de lleno en la vida sindical (era bancario), leyó como un obseso, se formó toda una cultura política, se rehízo en fin. Cuando estuve vacilando entre seguir estudiando o no, él, como buen autodidacto, me decía que no sólo en la Universidad puede uno «desasnarse», también es posible alfabetizarse por impulso propio, por vocación, y «entonces verás que la cultura que vas adquiriendo, te sirva o no para ganar dinero, ya no es una tortura sino un disfrute».

Al fin había decidido no matricularme y me dediqué de lleno a la pintura. Asimismo (al principio por imitar a Edmundo y luego por iniciativa propia) empecé a leer con delectación pero con más rigor que antes. Él me guiaba en el rubro política, pero empecé además a leer novelas, poesía, cuentos, y sentía que eso me servía también como pintor. La militancia de Edmundo era sólo sindical, pero sabía de todo. Sin un orden estricto, en su mejor estilo coloquial, me fue arrimando conocimientos.

Una vez le pregunté cómo, con esas inquietudes, no militaba en un partido, y me respondió que muchas veces había pensado hacerlo, pero se sentía más a gusto en el trabajo sindical. Era un hombre de clase media, con todos los prejuicios y condicionamientos que ello implica, pero su actividad en el sindicato bancario, donde llegó a asumir responsabilidades específicas, le ponía frecuentemente en contacto con obreros, y él entendía que eso lo enriquecía, no sólo política o socialmente, sino sobre todo como ser humano. «Son unos tipos formidables», me decía, «quizá más elementales, más primitivos que muchos de nosotros, pero en aquellos problemas ante los cuales normalmente tenemos dudas, ellos en cambio lo tienen muy claro y por lo general no se equivocan.»

Ahí soltaba la risa, que siempre era franca, para agregar: «Mirá que frente a la clase trabajadora no tengo complejo de inferioridad, más bien creo que, si por un lado aprendemos de ellos, igualmente ellos aprenden un poco de nosotros, aunque menos. El trabajo físico te va dando una sabiduría esencial, que probablemente viene de tocar la realidad con las manos, en tanto que el manejo de cifras y planillas te va encerrando en una cueva de abstracciones. Hasta la riqueza, esa que aparece en las grandes cuentas particulares, sobre todo en las de moneda extranjera, es abstracta. Un saldo de nueve o diez cifras ocupa una sola línea, igual que el saldo (éste de tres o cuatro cifras) en la cuenta del pequeño ahorrista. En un banco la riqueza no son hectáreas y hectáreas de campo, miles de cabezas de ganado, grandes mansiones en Punta del Este, oscuras barracas de la calle Paraguay. En un banco la riqueza son números, y los números suelen ser flacos, a veces esqueléticos como el uno o el siete, e incluso la gordura del seis o del ocho (papada y panza) tienen distinto significado si están a la izquierda o a la derecha de la coma decisiva.»

Y así seguía, enredándose con sus propias metáforas contables, hasta que por último exclamaba: «¡Qué locura! No me tomes en serio. Mirá que el capital es otra cosa.»

Juliska se pone triste

Nunca había visto llorar a Juliska. La yugo siempre tuvo una excepcional vitalidad, una gran energía disponible y una extraña disposición a disfrutar cuando trabajaba, característica ésta que causaba estupor y desconcierto entre los montevideanos (que por lo general no practican ese tipo de hedonismo) a medida que la fueron conociendo dentro y fuera de casa.

Pero esta vez la encontré llorando, en el patio, y estaba tan recluida en su tristeza que no se percató de que yo había entrado en la casa, normalmente sin gente a esa hora de la tarde. Le puse una mano en el hombro y la pobre dio tremendo respingo, sorprendida y sobre todo avergonzada de que alguien se asomara de modo inesperado a su intimidad.

«¿Qué ocurre, Juliska? ¿Te duele algo?» Juliska estalló en sollozos aún más desconsolados. De pronto se contuvo y me consagró una mirada que convocaba la compasión. «¿Me da permisa para darle una abraza?» «Pero, Juliska, por favor.» Y la abracé, un gesto que provocó un nuevo raudal de llanto.

Volví a preguntarle qué ocurría, si le dolía algo. «¡El almo me duele! ¡Eso es la que me duele!» En esta ocasión, extrañamente, su humor involuntario no me hizo gracia. Verdad que era imposible reírse de aquella congoja desenfrenada. «¿Tuviste alguna mala noticia de tu país?» Juliska negaba con la cabeza. «Toda es muy raro. Nunca tení antes esta tristeza.»

Le traje una silla, hice que se sentara, le alcancé un vaso de agua. Ya no sabía qué hacer. Me di cuenta de que tenía que solucionar con urgencia este problema, porque de lo contrario yo mismo iba a empezar a llorar y eso me iba a desprestigiar ante Juliska, un lo de cuyos dogmas había sido siempre: «Las hombras no lagriman.»

Por fortuna, su confidencia empezó antes que mi llanto. Reconocía que estaba desorientada. Que yo no fuera a pensar que se hallaba a disgusto entre nosotros. «Son como familio mío», repetía como un sonsonete. Pero de pronto (esa misma tarde, no sabía por qué) le había entrado una nostalgia terrible de su tierra. Quiso recordar el gusto de sus frutas silvestres, el olor del campo cuando anochecía, el rostro de su madre, el canto del ruiseñor, las ondas verdiazules del lago Skadar, el firmamento como un techo. Morriña clásica, diagnostiqué. «Aquí también hay cielo», sentí la necesidad de aclararle. «Ah sí», balbuceó, «pero demasiados estrellos. No parece techa. Parece teatra.»

Le pregunté si lo que quería era volver a su país. «¿Volver? De ninguna moda. Si volver, yo extrañar mucho Uruguay, todos ustedas tan buenísimas conmiga, extrañar playos, mi familio en Las Piedras.» «¿Y entonces?» «No preocuparse, sobre todo no decir nada a señor papá ni a señora Sonia ni a niña Elenita. Yo soy un poquito loca, ¿usted comprender? Mañana estar contentísima. Conocer mis ataques de tristeza. Nostalgia de Crna Gora, comonó, pero no por eso viajar a Crna Gora, para no sentir en Crna Gora nostalgia de Montevideo. ¿Usted comprender?»

Yo comprender, pero hasta por ahí nomás. De todos modos, percibí con asombro que su castellano estaba mejorando. Evidentemente, en su caso la tristeza estaba cumpliendo una función docente. De pronto se me encendió una lamparita. Le pregunté cuántos años tenía. Me tomó una mano y con su dedo índice dibujó en mi palma un 52. Sentí un gran alivio. Qué suerte. Ya no la perderíamos. Saboreé en mi fuero interno la revelación. Juliska no estaba loca sino menopáusica. Pero, naturalmente, es posible, digo yo, me imagino, que la menopausia del exilio sea más penosa que la de entrecasa.

Pretérito imperfecto

Y la muerte está dentro de la vida.
FERNANDO PESSOA

Podrá parecer increíble, pero la congoja casi profesional de Juliska me dejó averiado por unos cuantos días. Ella, en cambio, se repuso en menos de veinticuatro horas. A la mañana siguiente a su desconsuelo, preparó el desayuno en la cocina mientras cantaba, no precisamente una tonada de su lejana tierra, como era lo previsible después de tanta nostalgia, sino un tango (por la melodía, adiviné que era *Viejo rincón)* que uno de sus parientes de Las Piedras le había traducido al servocroata. Me sobrevino un ataque de curiosidad: ¿cómo sonaría en aquella remota lengua el consabido «callejón de turbios caferatas / que fueron taitas del bandoneón»? Pero me contuve y me limité a elogiarle el café con leche y las tostadas.

Sin embargo, no me pude librar de una pesadumbre brumosa, encapotada. Habíamos pasado unos días muy fríos y lluviosos, con esas aborrecibles ventolinas que en invierno nos hacen olvidar qué acogedora y disfrutable ciudad puede ser Montevideo en cualquiera de las otras estaciones.

Por otra parte, Mariana se había ido con Ofelia a Maldonado. Ni siquiera tenía ganas de pintar. En la agencia me limitaba a hacer lo indispensable, sin aportar nada original. Hasta mis viejos relojes eróticos me aburrían.

Cuando iba al hotel, como hacía tanto frío y generalmente llovía, no podía quedarme en el jardín, donde la vecindad de los árboles abuelos me tranquilizaba y a la vez me estimulaba. Una tarde me metí en una de las habitaciones sin huéspedes (¿quién iba a venir a Montevideo con este invierno de mierda?) de la segunda planta. Había una mecedora, la ubiqué frente a la ventana y allí me quedé como dos horas. Solo. En silencio.

Sin proponérmelo especialmente, y con un inesperado manejo de mi propio caos, empecé a desgranar mi pretérito imperfecto, o sea mi pasado no perfecto, rudimentario, timorato, inmaduro, deficitario, chapucero, distorsionado, vulnerable, quebradizo, negligente, etcétera. ¿Qué había hecho hasta ahora? El mundo se consumía y despedazaba en una guerra estúpida. Millones de muertos y yo, ¿qué hacía? ¿Qué hacía en esta mecedora contemplando la desolación del invierno desde mi propia desolación?

Estaba algo así como cautivo de mi infancia en Capurro y sin embargo no había vuelto allí. Era un exiliado de Capurro. Ahora bien, aquel bolsón barrial, ¿estaba constituido primordialmente por el Parque, la cancha del Lito, la higuera en mi ventana, o era mucho más las gentes que allí había frecuentado, las que todavía recordaba y acaso más aún las que había olvidado? ¿Capurro era la resonante campana del tranvía 22 y los malabarismos del motorman, la expectativa del paso a nivel cercano a Uruguayana, o eran mis conversaciones con Mateo y sobre todo los brazos acogedores de mi madre que dos por tres me transmitían un soplo de ternura que ya no tengo? ¿Quién era o había sido o seguiría siendo la niña de la higuera, aquella Rita que se había deslizado en mi cuarto y en el café Sportman y en aquel zaguán sombrío de Dieciocho y que siempre me dejaba tembloroso y frustrado?

De algo estaba seguro: no quería saber más de Rita, pero la incógnita era si Rita no querría saber más de mí. Ojalá, pensé, mientras me balanceaba en la mecedora y en la incertidumbre. Mi amor por Mariana estaba intacto, más aún, se había consolidado, en mí y en ella. Pero lo sentía amenazado. Tampoco era ése un descubrimiento original. ¿Qué o quién no estaba amenazado en este ámbito y en este tiempo? Ni siquiera era cuestión de ámbito o de tiempo. Siempre se vive y se vivió bajo amenaza. La muerte está dentro de la vida, anunció alguien. Nunca pude entender cómo Norberto podía repetir como un loro (ahora ya no, por suerte) las gastadas lecciones del padre Ricardo, cuando éste lo llenaba de pavor hablándole del infierno. (Por si las moscas, nunca le hablaba del paraíso aquel cretino.) He llegado a pensar que, después de todo, la conciencia es simultáneamente nuestro cielo y nuestro infierno. El famoso Juicio Final lo llevamos aquí, en el pecho. Todas las noches, sin ser conscientes de ello, enfrentamos un Juicio Final. Y es de acuerdo a su dictamen que podemos dormir tranquilos o revolcarnos en pesadillas. Ni Salomón ni psicoanalista. Somos juez y parte, fiscal y defensor, qué más remedio. Si nosotros mismos no sabemos condenarnos o absolvernos, ¿quién será capaz de hacerlo? ¿Quién tiene tantos y tan recónditos elementos de juicio sobre nosotros mismos como nosotros mismos? ¿Acaso no sabemos, desde el inicio y sin la menor vacilación, cuándo somos culpables y cuándo inocentes?

Pensé en el viejo, en el abuelo Javier, en Sonia, en Elenita, en José, en el tío Edmundo, y por supuesto en Mariana. Pero de Mariana tenía un conocimiento, una erudición casi milimétrica. En cambio, me faltaba saber tanto de todos los demás. Y el tiempo iba pasando y yo lo perdía, lo perdíamos todos. ¿Cómo querernos más? ¿Cómo saltar las vallas de la indiferencia? No quiero esperar a los velorios para valorar a mi gente cercana. Es cierto: la muerte está dentro de la vida. Pero la podemos mandar de vacaciones, ¿no? Trabaja tanto, que bien se las merece. Y no la echemos de menos, de todos modos volverá, y cuando vuelva nos tocará en el hombro.

La antigua más nueva

Los cuerpos, felices y agradecidos, yacían inmóviles tras la unión repetida y profunda. La respiración acompasada transmitía una doble sensación de plenitud. Solamente las manos se buscaron. Ya no iban en busca de las zonas erógenas, que tanto placer habían brindado. Era el instante del sosiego, de la serenidad.

Dijo Mariana: «Debo ser antigua.» La mano de Claudio se movió, interrogante. «Sí, debo ser antigua porque en el sexo no quiero experimentos, vanguardismos, posturas insólitas, extravagancias, aberraciones. Para mí no hay nada más lindo que tenerte adentro y que allí trabajes, osciles, te derrames. Debo ser antigua ¿no te parece?»

Claudio siguió mirando una mancha de humedad que siempre lo fascinaba, pero afirmó: «Me gustan las antiguas.» «¿En plural?», preguntó ella. «No, en singular. Me gusta Mariana, la antigua más nueva que conozco.» «Y Rita ¿es antigua?» «No sé a ciencia cierta qué es Rita, pero estoy seguro de que no es antigua.» «Y vos ¿qué sos?» «Yo soy un cachivache.»

Desde la calle subió la sirena de una ambulancia. Quedaron en silencio hasta que el alarido se apagó en la lejanía. «¿Sabés qué me preguntó Sonia, hace ya un tiempo? Que si nos llevábamos tan bien como parecía, ¿por qué no nos casábamos?» «Un poco meterete la señora ¿no?» «Eso me pareció, aunque no se lo dije, claro. Se dio cuenta de que la pregunta me había caído mal y se apuró a retroceder, pero me dejó pensando.» «¿Pensando? No me digas que querés casarte.» «Sólo dije que me dejó pensando.» «Ah.» «¿A vos qué te parece?» «No me parece nada. Nunca se me había ocurrido. Decime un poco ¿no estamos bien así?» «Estamos.» «¿Y entonces?» «La verdad es que desde que la preguntita de Sonia me movió la calavera, empecé a imaginar cómo sería nuestra vida cotidiana si tuviéramos un apartamento que fuera todo el tiempo para nosotros y no sólo los fines de semana, cuando Ofelia se va a Maldonado.» «Si tenemos con qué pagarlo, podemos tener el apartamento sin la obligación de pasar por el Juzgado.»

Ahora venía de la calle un griterío de mujeres. «Son las viejas de enfrente. Siempre se trenzan al caer la tarde. Son mi ángelus particular.» Los dos rieron y hubo un aflojamiento. «¿Y si lo dejáramos al azar?», preguntó Claudio. «¿Tirarlo a cara o cruz?» «No tan simple. Algo más entretenido. Mudarnos, comprar algunos muebles, todo eso requiere dinero, ¿no? Yo digo ir una vez, sólo una vez y con poca plata, al casino. Si perdemos ese poco, seguimos como ahora. Si ganamos lo suficiente, casorio y mudanza.» «Está bien. Pero vas solo, eh. El juego y yo no nos llevamos bien. Ya te lo dije. Debo ser antigua.»

163

Primer subsuelo
(Fragmento de los Borradores del viejo)

¿Por qué escribir estos *Borradores?* Cuando los años se suman, uno empieza a tener noción de que el tiempo se escapa, y tal vez por eso alimente el autoengaño de que escribir sobre lo cotidiano puede ser una forma, todo lo primitiva que se quiera, de frenar ese descalabro. No se lo frena, por supuesto. Nada ni nadie es capaz de sujetar al tiempo.

No obstante, hay tantos hechos e imágenes que desfilan ante nosotros (paisajes, noticias, júbilos, rostros, lecturas, sorpresas, desgracias, riesgos, fastos, muchedumbres) y en algún sentido nos cambian la vida, así sea en milésimas del rumbo prefijado. Días o meses o años después, es probable que lamentemos no haber tomado nota de esos lances y vicisitudes.

La verdad es que nunca he creído en los diarios íntimos. Creo que en muy contadas ocasiones uno llega a tocar apenas la propia hondura, en santiamenes que pueden ser maravillosos o escalofriantes. Pero ello tal vez ocurra tres o cuatro veces a lo largo de una existencia. De modo que no es cuestión de simular que uno alcanza diariamente esa profundidad, cuando, en el mejor de los casos, apenas llega al primer subsuelo.

Después de todo, no es poca cosa tratar de ser honesto en la transmisión de lo que se ve, se toca, se gusta, se huele, se oye. Quisiera que estos *Borradores* fueran algo así como un cuaderno de bitácora, pero de los sentidos, y destinado a incluir asimismo las eventuales reflexiones que provoquen tales apreciaciones y tanteos en el vestíbulo de la intimidad.

Hoy, en el hotel, mantuve dos conversaciones algo inquietantes. La primera fue con un norteamericano, oriundo de Iowa. Pensé que sería subgerente o tercer vicepresidente de alguna empresa de mediana envergadura. Si fuera de alto rango, no vendría a este hotel. De todos modos, me preguntó si podía conseguirle *call girls*, y le dije que no, que ese servicio sólo se prestaba en hoteles de cuatro o cinco estrellas. Dijo qué lástima, ya que este país realmente le agradaba. Le pregunté por qué y me dijo que porque no tenía negros, y en consecuencia había la seguridad de que cualquier *call girl* sería garantizadamente blanca. Le aclaré que en el país había más o menos un dos por ciento de negros. Festejó ruidosamente ese porcentaje, porque «un dos por ciento no es nada, se les puede aplastar en cualquier momento». Le pregunté a qué se dedicaba. Para mi sorpresa, no era subgerente ni tercer vicepresidente, sino profesor de Filología Hispánica y acababa de publicar un libro sobre *El tema del ruiseñor en el romancero español*. Me aclaró que le entusiasmaba la literatura clásica española (la verdad es que habla muy bien el castellano) y en particular España, entre otras cosas porque tampoco tenía negros. En uso de su año sabático, recorre varias capitales latinoamericanas, en busca de elementos para su *work in progress*, que versará sobre variaciones de la terminología erótica y pornográfica desde el Río Grande hasta la Patagonia. Cuando me preguntó dónde podría encontrar las más nítidas variantes uruguayas sobre el tema de marras, le recomendé el Cerro y Punta del Este, dato que anotó cuidadosamente en una enorme agenda.

El otro encuentro fue con un militar uruguayo de baja graduación (debía ser un teniente) que venía a atender a un colega argentino de similar rango. Como el huésped había salido, decidió esperarlo y lo hice pasar a mi despacho. Le pregunté si conocía al argentino. «Sí, claro, nos hemos visto muchas veces. Me gusta hablar con él. Siempre aprendo algo. Los argentinos tienen más claro el panorama. Y cuando digo esto me refiero a todos, desde los generales hasta los cabos. Aquí no. A nuestros oficiales veteranos les inyectaron el virus de la burocracia, que puede llegar a generar un tumor acomodaticio y hasta un crecimiento descontrolado e irreversible de células democráticas. Este país se está descomponiendo y antes de que sea tarde habrá que recomponerlo a tiros. El marxismo es una infección, ¿no lo sabía?»

Por un momento pensé que el teniente podía ser el buen enlace de una clientela que auguraba fructuosas posibilidades, pero así y todo le contesté que no, que no lo sabía.

No va más

Concurrió al Parque Hotel con una preocupación y una curiosidad sólo comparables a las que debe haber sentido David Livingstone cuando, invitado por el rey Makolo, llegó al Zambeze. Aquel conglomerado de tapetes verdes, ruedas de fortuna, cúmulos de fichas, *croupier* abaritonado, ídem mezzosoprano, señoras de pro, ex millonarios, hidalgos en harapos, futuros ministros, brujos en martingalas, suertudos exultantes, suicidas en potencia, todo eso constituía para Claudio, que nunca había hollado el parquet de un casino, una jungla sorprendente y reveladora.

Al entrar había adquirido una modesta colección de fichas, equivalente a la mitad de la inversión que se había fijado como tope. No obstante, no se apresuró a apostar. Merodeó por varias mesas de ruleta y se arrimó al *punto y banca*, pero enseguida advirtió que en ese sector se requería un olfato, una idoneidad y un virtuosismo de los que él no disponía.

Decidió que la ruleta (con cuyas normas estaba bastante familiarizado, gracias a incontables películas sobre Las Vegas y Montecarlo) estaba más a su alcance, no sólo por sus reglas, fácilmente asimilables, sino también por su entramado de puro azar, al que todos los jugadores concurrían en igualdad de condiciones. En la ruleta no había trampas ni privilegios. Se convenció rápidamente de que era el más democrático de los juegos.

Se acercó a una mesa y por sobre el hombro de un jugador empezó a tomar notas mentales de las distintas posibilidades y también a reconocer en sí mismo sus propias preferencias. Aquí y allá había algunos tipos que también tomaban notas, pero no mentales, sino en ajadas libretas donde dejaban constancia de los números que iban siendo cantados, a fin de poder luego calcular las frecuencias y desentrañar los ciclos que iba creando la imponderable rueda de fortuna. Claudio observó que los anotadores eran todos hombres. Las mujeres no tomaban notas; simplemente jugaban, y jugaban fuerte.

Entre los que apuntaban, situado en un punto equidistante de dos mesas, había un individuo, ya mayor, con un traje que probablemente en sus buenos tiempos había sido de etiqueta pero que ahora, a la altura de codos y rodillas, estaba brilloso y desgastado. Además, uno de los bolsillos del saco concluía en un desprolijo remiendo. Al tipo le brillaba la calva, bordeada por flecos canosos, y sus ojos miopes, a través de unas gafas que desde hacía tiempo reclamaban un ajuste óptico, ojeaban y hojeaban un cuadernillo de folios cuadriculados y tapas grises que habían sido blancas. No sólo llevaba la cuenta de esas dos mesas; también anotaba los resultados de varias más. Cuando, debido a su renguera, no llegaba a tiempo para comprobar el destino de la bola de marfil o para escuchar el pregón del *croupier*, obtenía ese dato preguntando a alguno de los jugadores, que en la mayoría de los casos lo trataban con indulgencia y familiaridad.

Por fin Claudio se decidió a apostar. El último número cantado había sido el 5. Decidió confiarse al mero azar y descartar cualquier rumor sobre tendencias. Su primera jugada (la primera jugada de su vida) fue cautelosa para la segunda docena. *Negro el 15*. Lleno de optimismo trasladó las fichas a la última calle. *Colorado el 34*. Depositó varias fichas a caballo entre el 8 y el 11. *Negro el 8*. Tenía razón el tío. Cuando él le había informado sobre su plan, Edmundo le había animado: «Muy bien. Si vas a jugar sólo una vez, seguramente vas a ganar. El azar siempre deja ganar al debutante, así éste se engolosina y luego puede ser llevado mansamente a la bancarrota. Así que tené cuidado.»

Recogió las fichas ganadas y las iba a colocar sobre el 11, arriesgando por primera vez a un pleno, cuando alguien dijo por sobre su hombro: «Hola, Claudio. Parece que te va bien.» Mientras se dio vuelta para ver quién era el importuno, la voz del azar dijo *No va más* y un muchachón que estaba al otro lado de la mesa parodió: *Rien ne va plus*, haciéndose acreedor a una mirada fulminante del funcionario. Claudio advirtió entonces que se había quedado con las fichas en la mano. *Negro el 11*, pronunció la Voz.

Todavía puteaba en silencio, cuando por fin reconoció al otro. A primera vista no supo quién era, pero luego, un gesto de la boca y cierto brillo en los ojos le revelaron que aquel gordo era su primo Fernando, a quien no veía desde los lejanos tiempos de Capurro. Estaba como hinchado, la nariz se le había puesto grande y oscura, las cejas eran unos pelitos sueltos y llevaba una barba de tres o cuatro días.

Claudio decidió abandonar la mesa (después de todo, iba ganando), convencido de que la aparición del primo le había interrumpido la buena racha. Sólo una hora de casino y ya tenía supersticiones. Estuvieron de acuerdo en tomar un trago, a fin de celebrar el encuentro. Y así, con los whiskies en ristre, se sintieron más cómodos, casi como en un café de Capurro y Dragones.

Después de las preguntas consabidas (¿cuánto hace que no nos vemos? ¿te acordás del Lito? ¿seguís en Montevideo o volviste a Melo? ¿te casaste? ¿y vos?), Claudio le preguntó si seguía trabajando como árbitro de fútbol. «¡Estás loco! ¿Quién te lo dijo? ¿Daniel? Aquél lo pregona para desprestigiarme. Sólo en dos ocasiones arbitré partidos y fue en la Liga Universitaria.» «Pero che, el de árbitro no es oficio deleznable.» «Ya sé, ya sé, pero Daniel lo dice para joderme. ¿Sabés que estamos peleados? Años que no nos hablamos. Parece mentira que dos hermanos, ¿no?»

Le preguntó si sabía dónde estaba Daniel. «Creo que anda por Canadá. Se la pasa viajando. ¿No te mandó postales? Le manda postales a todo el mundo, menos a mí, por supuesto.» «Pero vos también viajaste.» «Sí viajé. Pero al final me aburría como una ostra. Como una ostra aburrida, ¿entendés? Porque me imagino que habrá ostras divertidas como un chimpancé. Como un chimpancé gozador, claro. ¿Vos viste alguna vez en Villa Dolores cómo fornican los chimpancés? Gozan como turcos. O sea que me aburrí. Y eso que era la Europa de pre guerra, eh. Pero las gordas de Rubens y los flacos del Greco, las odaliscas y los obeliscos, la Torre Eiffel y la de Pisa, me

170

tenían acalambrado. No sirvo para tanta cultura. Me produce gases. Yo soy de la generación del mate, la grapa y la milanesa.»

Fernando se quedó unos instantes con la mirada perdida. Luego bajó la voz y dijo: «¿Vos sabés por qué nos peleamos con Daniel? Nosotros andábamos siempre juntos. Hicimos juntos cientos de barrabasadas. Pero como decía mi viejo profesor de francés: cherchélafam. Había una piba, medio busconcita ella, que cuando estábamos juntos pasaba moviendo el culo (que, dicho sea de paso, era una gloria) y, claro, nos enamoramos a dúo. Graso error, como decía el Conserva. Por separado, cada uno creía que era el preferido. Daniel y yo empezamos a odiarnos. Y cada vez que ella pasaba, creando como siempre problemas de nalgotráfico, nos odiábamos más. Hasta que una tardecita de febrero, justo cuando cunde ese calorcito que a todos solivianta, la mina pasó, meneando como de costumbre el culopoema, pero esa vez dándole el brazo a un pendejo, cuyo mayor atractivo era la posesión de un *renault* de bolsillo, donde los dichosos deben haber pasado las de Caín (por más que el fratricida nunca haya tenido automóvil) para echarse el polvo de rigor. Recuerdo que, a la vista de aquel doble preadulterio, Daniel y yo nos miramos, estupefactos. Pero la revelación había llegado tarde: ya no podíamos dejar de odiarnos. Y así hasta hoy.» Como en ese instante Fernando tuvo que callarse para tomar aliento, Claudio aprovechó para preguntarle en qué trabajaba. «Hago periodismo. Y me gusta, ¿sabés? Me dedico a información general, pero los que me entusiasman son los hechos de sangre. El dire sabe mi preferencia, y siempre que hay

171

alguno, allí me envía, y yo se lo agradezco. Tendrías que ver mis estupendas descripciones del occiso, aunque yo prefiero las de la occisa, particularmente cuando la encuentran en bolas. Te podrás imaginar que no lo escribo así, sino que lo expreso muy correctamente: "La infortunada joven se hallaba totalmente desarropada." El dire dice que mi estilo es el que mejor se adapta a la sangre y al crimen, y yo creo modestamente que tiene razón.» La jerga de Fernando pensó Claudio parecía una caricatura del léxico que empleaba Daniel, allá en Capurro, cuando se nutría de sir Arthur Conan Doyle.

De pronto Fernando miró su reloj y dijo que se le había hecho tarde, que debía irse. «¿Te vas sin jugar?», preguntó Claudio. «No, ya jugué. Últimamente no tengo mucha suerte. Hoy dejé aquí medio sueldo.» «¿Tenés comisión sobre los hechos de sangre?» «Por desgracia, no. Estoy a sueldo, así que me pagan lo mismo por describir un doble crimen pasional que por cubrir un seminario sobre la triquinosis. Y me voy corriendo, porque hoy tengo la reconstrucción del crimen de la peluquera. Aquí te dejo mi tarjeta, para que algún día me llames y me cuentes en qué andás, porque hoy me hiciste hablar como un loro y vos en cambio estuviste más callado que la hache.»

Libre ya de Fernando, Claudio se acercó a la barra, le preguntó al barman si tenía café a la turca y el otro dijo que sí. Cuando se lo trajeron lo sorbió lentamente. Nunca lo había probado, pero recordó que su jefe en la agencia solía tomar uno a media mañana. En verdad le repugnó, pero apuró heroicamente aquella porquería, nada más que para no hacer un papelón ante el barman, que había quedado muy impresionado cuando él había

172

pedido un producto tan elitista. Cuando el barman vio que había concluido, se acercó sonriendo y le preguntó si sabía leer la borra. «El café a la turca es el mejor para leer el poso, aunque los griegos sostienen que el suyo es el más apropiado por ser más grueso y sus granos más grandes.» «Léalo, si quiere», dijo Claudio. El hombre dio vuelta el pocillo y pareció fascinado por lo que veía. «Hay un árbol», dijo, «y también una mujer.» «Gracias», dijo Claudio, desganado, pero le dejó una buena propina.

Dueño otra vez de su tiempo, Claudio se arrimó a la misma mesa en que había estado jugando. Como en la vez anterior, empezó apostando a segunda docena, pero salió la tercera. Puso fichas a caballo entre el 28 y el 31, y salió el 27. Iba a comprar más fichas (la otra mitad autorizada por su propio plan), cuando el veterano que había visto antes, el del traje de etiqueta ruinoso, se le acercó, le tocó el brazo y le preguntó: «¿Quiere un consejo de experto?» Claudio vaciló, no quería involucrarse en proyectos ajenos y además temía que aquel tipo le pidiera dinero o algo así. «No le pido nada. Es un consejo gratis.» Él siguió sin responder. «Juegue al 3 y al 10.»

Aquellos números le golpearon en el pecho. Fue como si todos sus relojes eróticos sonaran a la vez. Alcanzó a balbucear que a él le gustaban las parejas negras. «Haga lo que quiera, Claudio. Usted es dueño de su suerte. Además, yo tengo que irme. Pero acuérdese de estos números: 3 y 10. Algún día me lo va a agradecer.» «Pero usted cómo sabe mi nombre, cómo se llama.» «Digamos que soy un parroquiano del Sportman, pero eso no es lo fundamental.» No le tendió la mano. Sólo le dedicó una inclinación de cabeza y se alejó renqueando.

Claudio quedó tan confuso que tuvo que sentarse en una de las butacas laterales. De pronto se encontró diciendo en voz alta: «¿Y por qué no?» Fue a la caja, compró más fichas con el resto del dinero y se situó en la mesa de siempre. Puso varias fichas en el 3 y otras tantas en el 10. *Colorado el 3*. Toda la ganancia fue al 10. *Negro el 10*. Dejó todo en ese número y el 10 repitió. Entonces pasó toda la ganancia al 3. *Rojo el 3*. Recogió todas sus fichas y se alejó de la mesa, pero no tanto como para no escuchar los anuncios del *croupier*. Fueron saliendo el 4, el 0, el 36, el 18, el 27, el 9, el 31. Nada del 3 ni del 10.

Se arrimó nuevamente a la mesa de sus hazañas. Apostó fuerte al 10. *Negro el 10*. Hubo murmullos entre los jugadores. Dejó la apuesta más la ganancia. Repitió el 10. Algunos dejaron de apostar, nada más que para seguir su serie de aciertos. Cuando no jugaba, la Voz cantaba otros números. Cuando jugaba al 3 o al 10, seguía ganando.

Se dio cuenta de que su objetivo estaba más que cumplido. Sólo como un gesto final, casi una despedida, sabiendo que su ciclo había concluido, apostó al 3 y al 10 simultáneamente. La Voz cantó el 17. Dejó una buena propina, cambió una tonelada de fichas en la caja, repartió en todos los bolsillos los billetes y billetes cobrados, salió sin prisa, subió al primer taxi (hoy podía permitirse ese lujo) y le dio al chófer la dirección de Mariana.

Toda esa guita

Cuando llegó Claudio, Mariana estaba radiante porque ella y Ofelia habían salvado un examen que era una pesadilla. Las dos muchachas se abrazaban y abrazaban a Claudio. Ofelia trajo de la cocina una botella de clarete y una bandeja con sandwiches. «Te estábamos esperando para celebrarlo», dijo Mariana. «Y menos mal que llegaste ahora, porque Ofelia se va dentro de un rato a Maldonado para darle la buena noticia a los viejos.» Y agregó enseguida: «Y al novio. ¿Sabías que tiene novio?» Más abrazos y enhorabuenas. «Contá, contá», dijo Claudio. El cuento de Ofelia fue muy breve: «Es medio pajuerano, pero novio al fin.» «No lo desacredites», dijo Mariana. Y le aclaró a Claudio: «Hijo de estancieros ¿qué te parece?» «Sí, pero disidente», aclaró Ofelia. «¿Cómo es eso?», preguntó Claudio, muerto de risa. «Hasta ahora no sabía que existieran estancieros disidentes. Me imagino que habrán fundado un sindicato.» «Pues ya lo ves. Se pasa defendiendo los intereses de los peones, que están muy asustados ante las imprevisibles derivaciones de esa reivindicación.»

De pronto Mariana se acordó de la misión de Claudio y le preguntó cómo le había ido. «Relativamente bien.» «Menos mal», dijo ella, pero Ofelia los interrumpió: «Me voy, me voy, nos vemos el lunes.» Cuando quedaron solos, Mariana volvió a preguntar: «¿Qué quiere decir relativamente bien?» Entonces Claudio empezó a vaciarlo todo sobre la mesa: la billetera, el portafolio, los incontables bolsillos. La montaña de dinero era descomunal.

Mariana se quedó sin aliento y sólo atinó a exclamar, con una voz extraña, mucho más aguda que la habitual: «¿A quién robaste? ¡Claudio Alberto Dionisio Fermín Nepomuceno Umberto sin hache! ¿A quién robaste? ¡Mirá que yo soy antigua, no lo olvides! ¡No me seducen los delincuentes! Ni siquiera Robin Hood.» Claudio se reía a borbotones y ella se iba poniendo pálida. Por fin tuvo miedo de que le pasara algo, así que la tomó por los brazos, la sacudió un poco y le dijo, casi le gritó: «No seas boba. ¿No ves que lo gané a la ruleta?»

Entonces la pobre se aflojó del todo, alcanzó a preguntar quedamente: «¿Toda esa guita?», y se desmayó. Claudio se asustó, le dio dos cachetadas (demasiado tiernas), fue corriendo al botiquín, le hizo oler amoníaco. Sólo cuando al fin ella abrió los ojos, él le respondió sonriendo: «Sí, toda esa guita.»

Mariana fue al baño y se mojó la cara. Cuando volvió junto a Claudio, ya el susto se le había convertido en alegría. «¡Qué jornada la de hoy! Primero el examen, luego esta barbaridad». Miraba el dinero y no lo podía creer. «¿Y cuánto es?», se atrevió a preguntar. «No lo sé», dijo Claudio. «Todavía no he tenido tiempo de contarlo. Pero creo que no sólo nos alcanza para mudarnos, sino para una buena entrega en la compra de un apartamento. El resto lo pagamos en cuotas.» «Te noto de lo más inmobiliario», dijo Mariana.

Fue entonces que le salió de lo más hondo un tremendo suspiro. Después miró a Claudio. «Ya veo que nos casamos. Sonia podrá dormir tranquila.» «Olvidate de Sonia. Nos casamos sólo si vos lo querés.» «Esperate», dijo ella. «Voy a ensayar mi respuesta ante el juez: Sí, quiero.»

Pusieron en orden los billetes, los fueron metiendo en unos sobres que encontró Mariana, y luego los depositaron, como si se tratara de un inexpugnable *coffre-fort*, en un simple estante del placard. «Mientras venía en taxi desde el Parque Hotel», dijo Claudio, «estuve pensando en que lo mejor será que mañana depositemos todo esto en una cuenta a tu nombre. Digo a tu nombre porque, como sabés, la agencia me manda dentro de unos días a Quito y no tengo idea de cuánto estaré ausente. Mientras tanto, vas viendo apartamentos, y si encontrás alguno que nos sirva y esté dentro de nuestras flamantes posibilidades, dejás una seña y concretamos la cosa a mi vuelta. ¿Te parece bien?» «Ya no me acordaba de tu viaje. ¡Qué lata!»

Estaban tan sobrecogidos, inquietos y hasta asustados, que esa noche ni cenaron ni hicieron el amor. Se durmieron abrazados, como dos criaturas indefensas, agobiadas por su buena suerte.

Ese poco de equilibrio

El 9 de agosto de 1945, o sea el día en que el azar (encarnado en aquel patriarca, tan venido a menos, que me aconsejara en el casino) había decidido protegernos y graciosamente nos había permitido especular sobre un techo propio, justamente ese día los norteamericanos lanzaron sobre Nagasaki su segunda y descomunal bomba A, que despojó de sus vidas y de sus techos a decenas o acaso cientos de miles de seres humanos.

Mariana y yo sólo nos enteramos al día siguiente. No sé por qué la bomba de Nagasaki me afectó más que la de Hiroshima. Tal vez porque no sólo representó el horror sino su continuidad. En el noticiero especificaron que la potencia del artefacto había sido de 12,5 kilotoneladas, agregando que una kilotonelada equivalía a mil toneladas de TNT. Yo no tenía idea de cuánto significaba ese desorbitado poder de destrucción, pero debía ser considerable, a juzgar por las fervorosas hipérboles de los comentaristas.

Ahora bien, como los que arrojaron la bomba no eran alemanes ni franceses ni rusos, sino norteamericanos, los locutores se pasaron el día celebrando el acontecimiento y alabando los formidables adelantos de las técnicas bélicas de las fuerzas democráticas. Por otra parte, los cientos de miles de víctimas no eran blancuzcos sino amarillentos, así que tampoco había que preocuparse demasiado.

A mí aquello me parecía un horror. No podía entender que la gente oscilara tan irresponsablemente entre el alboroto y el alborozo. Pronosticaban que con esto se acababa la guerra y lo decían tan jubilosamente como si hasta ayer hubiésemos sido nosotros los diariamente bombardeados. No es que yo les tuviera especial simpatía a los japoneses, pero me parecía algo atroz que miles de civiles murieran calcinados. Con qué rapidez los norteamericanos habían aprendido de los nazis el sistema de los hornos crematorios. De Auschwitz a Hiroshima, sin escalas.

La dejé a Mariana con su propia angustia y, sin pasar siquiera por la calle Ariosto, me fui a ver al tío Edmundo. Sólo él podía explicarme esta locura. Llegué a su casa casi corriendo y empujé la puerta. Sólo a la noche pasaba llave. Estaba en el patio, tomando mate, aprovechando el solcito de las once de un día de agosto excepcionalmente cálido. Pensé (pero me arrepentí enseguida de mi frivolidad) que la bomba, con su enorme llamarada allá lejos, nos había calentado el invierno acá cerca.

«Sentate», me dijo, y me señaló un sillón de mimbre. Él sabía a qué venía. «No tengo explicación», dijo. «¿Quién puede explicar semejante ferocidad? La única interpretación es que el hombre puede ser infinitamente cruel con su semejante. Puede ser cruel sin conocer al prójimo, sin haberle visto el rostro ni haber sostenido su mirada. Puede ser cruel por decisión soberana y autónoma. Como si ese prójimo no fuera un espejo. Cuando destruye el espejo, se destruye a sí mismo. La decisión de arrojar estas bombas es una decisión asesina, pero también suicida. Todavía es prematuro. Hasta ahora sólo ha llegado la imagen grotesca y alucinante del hongo atómico. Pero algún día llegarán las imágenes humanas e inhumanas de este hecho demencial. Es posible que el presidente Truman sea un hombre duro, pertinaz, inclemente, pero me atrevería a augurar que nunca más, hasta el día de su muerte, podrá dormir tranquilo. Y aun los pilotos encargados de estas misiones, ¿podrán resistir durante mucho tiempo la incandescente tentación del suicidio?»

Le dio una última chupada al mate y lo dejó sobre un banquito, junto al termo. «¿Y nosotros?», pregunté. Edmundo sonrió, alicaído. «Nada. No podemos hacer nada. Como no sea conservar la cordura. Que ya es bastante.»

Le comuniqué entonces el resultado de mi aventura en el Parque Hotel. Se le animaron los ojos. «¡Al fin una buena noticia!» Le dije que con esa cantidad de dinero Mariana y yo pensábamos comprarnos un apartamento y tal vez casarnos, pero que las últimas noticias me habían alterado a tal punto que ya no sabía qué hacer. «Tres días atrás fue lo de Hiroshima y, no sé por qué, tal vez porque entonces no tenía ni un cobre, me impresionó menos que esto de ahora. ¿No podría darle a ese dinero un destino más humano, más solidario, que el de solucionar un problema tan personal, y por eso mismo tan egoísta, como el de la vivienda, y no la vivienda de cualquiera, sino *mi* vivienda? No sé si puedo llamar a esto mala conciencia, ya que Truman no me consultó para arrojar las bombas, pero la verdad es que me siento incómodo conmigo mismo. Y por otra parte no quiero perjudicar a Mariana. Todo un lío.»

«Mirá, Claudio, una cosa es tener mala conciencia y otra cosa es fabricársela. Me parece bien que tengas esa inquietud, pero ¿qué vas a hacer? ¿Pensás con ese dinero organizar un comando para ajusticiar a Truman? ¿O vas a construir un hospital para las víctimas de Hiroshima y Nagasaki? Como nunca tuviste nada, te parece que ese dinero que de pronto te cayó en las manos es una fortuna. Pero fijate que ni siquiera te alcanza, por sí solo, para que compres una vivienda, aunque por supuesto será una buena ayuda. Que pienses en tener tu casa no es un rasgo de egoísmo, sino un sentimiento muy natural, muy humano. Hace ya mucho que nos compramos con Adela esta casa vieja, pero linda, con patio y parral. No por eso me considero un potentado. Mes a mes fuimos pagando el préstamo del banco. Es un rasgo positivo de este país, al menos hasta ahora. Buena parte de los simples empleados, de los obreros, tienen una vivienda que pagaron metro a metro, jornal a jornal. Pensábamos disfrutarla los dos, pero ahora, cuando ya se acabó la deuda, Adela no está. La vivienda no es sólo un bien inmobiliario, es también una forma de consolidación espiritual. Ya verás, cuando la tengas, que volver a tu casa, todas las noches, te dará un poco de confianza, no mucha, pero un poco, en medio de este mundo tan poco confiable.»

«¿Y Nagasaki?» «Ah, Nagasaki. Recuerdo que, cuando tenía aproximadamente tu edad, un poco menos tal vez, el estudiante Princip mató en Sarajevo al archiduque austríaco Francisco Fernando y a su mujer, desencadenando así, con sólo un par de balazos, la Primera Guerra Mundial. Aquel suceso hizo que me sintiera vacío, ausente, distanciado. Del mundo, de la historia, del futuro. Tuve la sensación de que las decisiones trascendentales serían inevitablemente tomadas por otros, que yo siempre estaría al margen y que mi única posibilidad (no olvides que entonces me dedicaba al atletismo) era correr por el andarivel que otros me adjudicaran. Después pasan los años y uno aprende que las cosas no son tan inamovibles, que siempre queda un segmento de decisión del que uno es responsable y de cuyo compromiso no te podés librar tan fácilmente. Cuando por fin llegás a la conclusión de que *el mundo* es enorme pero que *tu mundo* es chiquito, ahí empezás a recuperar el equilibrio, bah, ese poquito de equilibrio que nos tocó en el reparto y que no hay que dilapidar.»

Mi Nagasaki

Antes de viajar a Quito, me había propuesto pintar mi Nagasaki. La noticia me había conmovido demasiado como para dejar que la desmemoria la volatilizara. Por otra parte, a medida que pasaban los días, los pormenores del horror nos invadían, nos cercaban. Era como si Alguien nos dijera, también ustedes pueden sucumbir, en rigor ya están sucumbiendo, sólo que son otras bombas las que los calcinan.

Un ejercicio tan masivo y programado del odio, como el que había tenido lugar el 6 y el 9 de agosto, acabó por abrumarme. Alimenté en mí mismo un tal rechazo del odio, que estuve a punto de caer en un pecado colateral: odiar al odio. Cuando escuchaba a los comentaristas de radio, o leía a los periodistas, que exaltaban aquellas masacres «porque habían evitado millones de otras muertes», me parecía que una nueva doctrina, la hipocresía científico-técnica, acababa de nacer.

Estuve días y días haciendo bosquejos, pero no daba con las imágenes adecuadas, con los rostros y cuerpos que no aparecieran como meras reproducciones de la documentación fotográfica que nos llegaba y abrumaba a diario. Entonces quise representar la hecatombe en abstracto, sólo con colores, líneas, luces, cerrazones, sin presencia ni ausencia de seres humanos, sólo como estado atroz del ánimo, como si el alma humana, y no pobres ciudades, hubiera sido víctima de este apocalipsis. Pero el pincel y la espátula se me caían de impotencia y todos y cada uno de los colores me parecían inocentes, inexpresivos, pusilánimes.

Una tarde vino Norberto a buscarme con su flamante camioneta. Estaba tan orgulloso de su adquisición que quiso mostrármela y se ofreció a llevarme a donde yo quisiera. No estaba yo para paseos. Le hablé de mi tema obsesivo: Nagasaki. «Ah, la otra bomba», comentó Norberto, ya que para él, como para todo el mundo, había una bomba titular, la de Hiroshima. La de Nagasaki era simplemente «la otra bomba», la consecutiva en el sistema preferencial de suplentes.

Le hablé de mis problemas para encontrar una expresión artística, adecuada a esa miseria. «¿Miseria dijiste? Tengo la solución a tu problema.» Y arrancamos. Prácticamente atravesamos la ciudad. Yo estaba ensimismado, así que no sabía bien por dónde íbamos. De pronto Norberto frenó. Estábamos frente a un enorme, monstruoso basural. El hedor era insoportable. Tipos andrajosos, mugrientos, mujeres desgreñadas, niños y adolescentes en pingajos, hurgaban entre inmundicias y cochambre, entre escoria y cenizas, buscando algo, no se sabía qué. Cuando advirtieron nuestra presencia, levantaron por un instante sus cabezas y nos miraron sin prevención, sin odio. Nos miraron sin nada. Enseguida volvieron a su bazofia, a su hedor, a su roña, a su trabajo.

«Aquí tenés tu Nagasaki», dijo Norberto.

Frittatine ai quattro sapori

Es probable que Norberto tuviera razón: ése era mi Nagasaki, mi modesto, intrascendente, rudimentario Nagasaki. Pero tampoco pude llevarlo a la tela. Mi visión del horror no estaba aún madura para el óleo. Sólo me sentí artificialmente (no visceralmente) identificado con el tema. La asunción de aquella doméstica Corte de los Milagros (recordé que años atrás la había buscado, sin hallarla, para cotejarla nada menos que con la de Victor Hugo) sirvió, sin embargo, para que me sintiera estúpido y presuntuoso. Comprendía ahora que aun en la vehemencia de mis planteos ante el tío Edmundo, había una suerte de desproporción, de grandilocuencia, como si inconscientemente hubiese pretendido inflar un desasosiego, verosímil ante una catástrofe remota, para convertirlo en un drama personal.

En medio de esa inestabilidad del ánimo no me vino mal la inminencia del viaje. En Quito se iba a celebrar un seminario internacional sobre diseño gráfico y publicitario, y los capos de la agencia entendieron que yo era el tipo idóneo para absorber las nuevas ideas que allí circularían: «Sos joven, tenés una incipiente pero fructífera carrera como plástico y conocer un poco de mundo no te vendrá mal». Curiosamente, aunque liberales en cuanto a abrir perspectivas profesionales al personal, eran más bien roñosos en la bagatela práctica, de modo que no compraron el billete aéreo en una línea regular, sino en una compañía más o menos furtiva, que de vez en cuando organizaba vuelos especiales entre Buenos Aires y Quito.

Como la partida estaba prevista para el lunes, viajé a Buenos Aires el viernes anterior, así podía quedarme un par de días con los abuelos italianos. Mariana no fue a despedirme a Carrasco, porque dijo que las despedidas, las bodas y los desfiles militares siempre la hacían llorar (yo podía entender lo de las bodas y las despedidas, pero eso de llorar en los desfiles militares excedía mi capacidad de comprensión), de modo que sólo estuvieron en el aeropuerto el viejo y Sonia, Elenita y José, y hasta Juliska, que tenía una curiosidad casi infantil por asistir al despegue de aviones.

La verdad es que yo no estaba en condiciones de tomarle el pelo a Juliska, pues tampoco había viajado en avión ni siquiera salido del país (Juliska al menos conocía Crna Gora). De manera que mi excursión a Quito se había convertido en mi versión, personal e intransferible, de una de mis viejas lecturas juliovernianas: *Cinco semanas en globo*.

Cuando, junto con los otros pasajeros, empecé a caminar hacia el avión de Pluna, sonó allá arriba, en la terraza, la voz inconfundible de nuestra yugo: «¡Buen viaje!» Ya no cabían dudas sobre la arrolladora mejoría de su idioma de adopción.

El abuelo Vincenzo (en realidad, Vincenzo Carlo Mario Umberto Leonel Giovanni), aquel que se había salvado del naufragio porque perdió el barco, y la abuela Rossana, me recibieron como a un hijo pródigo. Su homenaje más sentido fue brindarme lo que mejor sabían hacer: *minestrone*, *fegato alla salvia*, *frittatine ai quattro sapori*, *peperoni alla carmen*, *crostini arlecchino*, *tagliatelle alla genovese*. Si Juliska me hubiera visto relamerme con aquellos sabores tan poco servocroatas habría sufrido la gran decepción de su vida. Pero la verdad es que todo estaba exquisito. Me hice la promesa de que mi dieta ecuatoriana sería frugalísima, pero mientras tanto tragué y tragué —como dijera el clásico (¿quién fue?)— sin prisa y sin pausa.

En las sobremesas tuve que responder como pude a exhaustivos cuestionarios de la abuela Rossana sobre su nueva nuera (cuando la boda habían conocido a Sonia, pero muy superficialmente), sobre cómo se llevaba con su hijo Sergio, sobre el novio paraguayo de Elenita, sobre Mariana, si nos íbamos a casar y cuándo sería eso (por supuesto vendrían a mi casamiento). También preguntaron por su otro hijo, mi tío Edmundo, pero con cierto desaliento porque nunca les escribía. «Es un poco raro», murmuró la abuela. «Desde la muerte de Adela ha cambiado bastante.» «La quería mucho, debe ser por eso», trató de disculparlo el abuelo. Conmigo no era nada raro sino muy comunicativo, pero allí no lo dije porque no quise herirlos. Recordé que una vez le había preguntado a Edmundo cómo se llevaba con los padres y me había dicho: «Los quiero, claro, siempre los quise, pero nunca pude comunicarme con ellos. Sergio los lleva mejor.» La verdad era que los abuelos eran macanudos para un fin de semana, pero vivir siempre con ellos no debía ser fácil.

Su afecto (por otra parte, innegable) era demasiado absorbente.

El domingo telefoneé a Mariana. Antes aun de que oyera mi voz, ya sonaba en mi auricular su jubiloso: «¡Nepomuceno!» Confieso que tanta intuición me conmovió. «La cama te extraña, yo te extraño, todos te echamos de menos. Además, ayer estuve viendo apartamentos y creo que encontré uno. Y está a nuestro alcance ruletero. Creo que mañana dejaré una seña. Te comunico que la idea de casarnos se me está volviendo atractiva. Además, puedo trabajar. Ya prácticamente lo he decidido, porque si espero a recibirme de veterinaria, cuando dé el último examen en este país ya no van a quedar vacas ni perros ni caballos ni gente. Uy, tengo tantas cosas para hablar con vos. Y mucho cuidado con las quiteñas, que tienen sangre de india y de conquistador, y eso da una mezcla terriblemente excitante. Y por favor, no les enseñes a bailar tango, que ya te conozco ¿eh?»

Que yo recuerde, nunca había estado tan parlanchina. Me vinieron unas ganas locas de abrazarla, de besarla, de tenerla conmigo. ¿Para qué habría aceptado viajar a Quito? La llamada me salió un platal, ya que cuando ella se calló, yo a mi vez me puse baboso y le dije una colección de zalamerías, totalmente extrañas a mi proverbial sobriedad amatoria.

La borra del café

Al aeropuerto sólo lo acompañó el abuelo Vincenzo, porque era lunes y la abuela Rossana tuvo que quedar a cargo del almacén de Caballito. Vincenzo opinaba que era mucho mejor viajar en barco y sobre todo —agregaba riendo— llegar tarde al puerto y perder así el buque destinado a hundirse en pleno Atlántico. «Sí, claro», asentía Claudio, «pero reconocé que ir en barco de Buenos Aires a Quito es casi una misión imposible.»

No fue fácil encontrar el mostrador que admitía a los pasajeros de mi vuelo. Preguntaron en Informaciones, pero ni siquiera conocían el nombre de Aleph Airlines. Por fin, cuando Claudio ya se estaba poniendo nervioso, vieron que en uno de los mostradores había un cartón donde habían escrito con una caligrafía muy rudimentaria: Aleph (especial a Quito). No había cola, a pesar de que no faltaba mucho para la hora de partida anotada en el billete. De todas maneras se acercaron y la empleada que atendía les dijo que efectivamente era ahí donde el pasajero debía presentarse. «Lo que pasa es que el vuelo está demorado una hora», dijo la mujer, «pero de todos modos puede despachar su equipaje.» Claudio no iba muy cargado, ya que presumiblemente el seminario de Quito no duraría más de una semana.

Ya que debían esperar una hora, se instalaron en la cafetería y pidieron dos capuchinos con medias lunas. El abuelo Vincenzo estaba muy impresionado con que Claudio concurriera a un seminario internacional. «Vas a conocer a gente muy importante.» Le recomendó que estableciera conexiones que seguramente le iban a servir de mucho en el futuro. «En este mundo de hoy quien no tenga conexiones no progresa. Fijate en mi caso. Me estanqué en lo que tengo, el almacencito que vos conocés, y nunca pude dar un salto hacia adelante, y todo porque no tuve ni tengo conexiones. *Sono troppo bizzoso* como para establecer vínculos útiles.»

No habían transcurrido ni veinte minutos cuando los altavoces anunciaron la próxima partida del vuelo especial 9131 de Aleph Airlines, y sólo tres minutos después informaron que era el último llamado para ese mismo vuelo. Fueron casi corriendo hasta la puerta 7 y allí estaba colocado el mismo cartón con el garabateado nombre de la compañía. En total serían diez o doce pasajeros. «Vas a viajar cómodo», dijo el abuelo, y abrazó a Claudio.

El avión parecía bastante confortable. Acomodó su maletín de mano y se abrochó el cinturón de seguridad. El despegue fue tranquilo. A Claudio se le habían sumado varios cansancios. Los preparativos del viaje en Montevideo, su última noche con Mariana, la despedida en Carrasco, las suculentas comidas con los abuelos, los interrogatorios de Rossana, la conversación telefónica con Mariana, los problemas para ubicar el mostrador de la compañía aérea, todo ello se le había acumulado y ahora que ya estaba en el aire, los ojos se le cerraban. Nagasaki yacía, convertida en cenizas, en un recodo del pasado remoto.

Cuando abrió los ojos, sintió que una mano se posaba en su brazo. Yo conozco esa mano, pensó, antes de mirar hacia la izquierda. Era Rita, claro. «Claudio», dijo. «Qué sorpresa encontrarte en mi vuelo.» Sólo entonces él se fijó en su uniforme de azafata. «¿Te acordás que te dije, aquella vez en el Sportman, que estaba trabajando de azafata en una compañía aérea? Pues es ésta.»

Claudio guardó silencio. La mano de Rita bajó hasta su propia mano, la trajo hasta sus labios y la besó, igual que en el pasado. Él entonces dijo: «Los tiempos han cambiado, Rita. Ya no soy el mismo.» «¿Estás seguro?» La mano de Rita hizo un avance más íntimo y apremiante. «Estamos casi solos, Claudio. Los otros pasajeros, que son unos pocos, están en la parte trasera del avión.»

Rita levantó el posabrazo que establecía una mínima frontera entre los dos asientos y arrimó su cuerpo al de Claudio. Con la otra mano le tomó la barbilla y acercó su cara. Entonces lo besó en la comisura de los labios. Era su contraseña. Después lo besó largamente en la boca. A esa altura, a Claudio ya le resultaba insoportable su erección, un reflejo físico que por otra parte no deseaba. Pero el cuerpo tiene sus propias leyes.

Entonces, por el servicio de radiofonía, se oyó la voz del comandante: «Les habla el comandante Iginio Mendoza. Bienvenidos al vuelo especial 9131 de Aleph Airlines. Informamos a los señores pasajeros que dentro de 3 horas y 10 minutos tomaremos tierra en el aeropuerto de Mictlán. En el transcurso de este vuelo les será servido un refrigerio.»

Claudio escuchó aquel mensaje y se le acabó la erección. Apartó con un ademán brusco la mano itinerante de

Rita, separó «su boca fuerte de aquella boca débil» y preguntó en voz alta: «¿Qué aeropuerto dijo?» Rita se acomodó el pelo y sonrió levemente antes de responder: «Mictlán.» «¿No íbamos a Quito?» «Íbamos, sí. Ahora vamos a Mictlán.»

Él se puso tenso. «¿Y eso dónde queda? ¿En qué país?» La otra mano de Rita, la que ahora reposaba en su brazo, se volvió insoportablemente fría: «Ya lo verás, Claudio, ya lo verás.»

«¿Puedo hacerte una pregunta?», dijo Claudio. «Sí, claro. Yo no soy como la Esfinge. Yo respondo.» «¿Vos conociste al Dandy, verdad?» «Sí, lo conocí. Allá en tu famoso Parque Capurro. Todo un caballero. Eso sí, venido a menos.»

Claudio advirtió por primera vez que tenía la boca seca. Rita dijo: «¿Algo más?»

Claudio cerró los ojos y la pregunta siguió sonando en su cabeza como un disco rayado. Todavía vibraba, taladrante, aquel perentorio ¿algo más? ¿algo más?, cuando tuvo una oscura conciencia de que se estaba durmiendo. Dormido y todo, miró por la ventanilla y tuvo la impresión de que el avión volaba en espiral, más bien sobrevolaba una y otra vez los mismos lugares pero éstos siempre aparecían como más lejanos, más lejanos. En medio de una neblina violácea, oyó la voz de Rita, en el café Sportman, diciéndole que ella concebía la muerte como un sueño repetido, pero no en círculo sino en espiral. Cada vez que volvés a pasar por un mismo episodio, decía, lo ves a más distancia, y eso te hace comprenderlo mejor. Pero el avión, y él mismo, pasaban y volvían a pasar sobre los mismos episodios, y no los comprendía mejor.

Allá abajo estaban el Dandy, semioculto por la butifarra plateada que era el *Graf Zeppelin*, y el viejo dándole la mala noticia en la cocina, y el rostro de su madre metido en el féretro, y la higuera fraternal llena de pájaros, y el ciego Mateo avanzando con su bastón blanco por la calle Capurro, y el árbol del hotel con su colección de iniciales, y los pechos vibrantes de Natalia, y Sonia preguntándole por qué no se casaba, y el tío Edmundo con su mate, su patio y su parral, y Juliska llorando sin consuelo. Y cuando el avión sobrevolaba su vida por vigésima vez, entonces se produjo en su pecho y en su cabeza un crispamiento o un fragor o una voladura y repentinamente se vio frente a un espejo que copiaba su propio rostro. Comprobó que éste se había convertido en una máscara trémula, pálida, angustiada. Luego el espejo se alejó lentamente para así reflejar el busto entero, y en el hombro derecho se apoyó una mano delgada, casi esquelética, que sin embargo era la de Rita. No pudo tolerar aquella imagen y sin vacilar rompió el espejo con su frente. Por suerte del otro lado estaba el cuerpo desnudo de Mariana, y él logró apoyar sus brazos en aquellas caderas espléndidas, prójimas, tibias, y también logró acercar sus ojos a aquel ombligo único, de tango y de fruición, de trabajo y de holganza, de juego y desafío, de consuelo y amor, y miró por él como quien espía por el ojo de una cerradura. Y por aquel carnal, maravilloso orificio pudo al fin ver el mundo, las calles y las praderas del mundo, un mundo con Nagasaki pero sin Rita, ya era algo. Y cuando el ojo de la cerradura volvió a ser ombligo de Mariana, apoyó su frente contra él y apenas murmuró:

«Mariana y punto.»

Despertó cuando otra vez alguien tocó su brazo. Una azafata. Pero no era Rita. «¿Va a tomar el refrigerio, señor?» Dijo que sí con la cabeza, y ella le desenganchó la mesita y depositó allí la bandeja con el café, los sandwiches y el jugo de naranja. «Se ha lastimado en la frente», dijo la azafata, solícita. «Enseguida le traigo una curitas.»

Había empezado a tomar el jugo, cuando se oyó la voz informativa: «Les habla el comandante Arnaldo Peralta. Comunicamos a los señores pasajeros que dentro de cuarenta y cinco minutos aterrizaremos en el aeropuerto de Quito.»

Cuando la azafata volvió con la curitas, le preguntó si podía llamar a su compañera. «Se llama Rita», aclaró. La muchacha lo miró sorprendida. Luego dijo: «Usted perdone, señor, pero aquí no hay ninguna azafata que se llame así. Mi compañera es aquella gordita, pero su nombre es Teresa.» Él dijo que evidentemente estaba confundido. Comió los dos sandwiches con un hambre casi adolescente. Todavía le quedaba una duda: ¿en qué momento habría empezado a soñar? Y también una certeza: de ahora en adelante, nadie iba a hallar vestigios de Rita en la borra del café.

Índice

Otros títulos publicados
en Punto de Lectura

Buzón de tiempo

El conjunto de cuentos que compone *Buzón de tiempo* recorre las diferentes formas del encuentro: el recuerdo nostálgico de un amor perdido, los rumores de otras épocas, las llamadas sin respuesta, la identidad dolorosamente recuperada, los espejos que envejecen las imágenes, la inminencia de la muerte, el regreso de la conciencia con máscara de fantasma... El humor inteligente, la ironía más punzante y la ternura más conmovedora de Mario Benedetti dibujan un verdadero mosaico de emociones entre señales de humo, naufragios, sueños y cartas arrojadas al centro del corazón: «Dejo mi brújula con la advertencia de que el norte es el sur y viceversa; dejo mi calle y su empedrado, dejo mi esquina y sus sorpresas; dejo mi puerta con sus cuatro llaves...».

El porvenir de mi pasado

«En un platillo de la balanza coloco mis odios; en el otro, mis amores. Y he llegado a la conclusión de que las cicatrices enseñan; las caricias, también.»
Tengan cuidado, pues en las páginas de este libro habitan inquietos fantasmas, se disparan revólveres y sueñan los sueños. Y, ante todo, viven mujeres y hombres que, como una vela temblorosa, oscilan entre la luz y la sombra.

El porvenir de mi pasado es un libro para todos los lectores. Porque todos guardamos secretos, porque todos hemos sido niños y seremos viejos, porque todos dudamos de la realidad de los sueños, porque todos escondemos nuestros pensamientos más oscuros. Mario Benedetti es un escritor claro, diáfano, por eso sus cuentos iluminan nuestros sentimientos sin intermediarios.

La Fiesta del Chivo

En *La Fiesta del Chivo* asistimos a un doble retorno. Mientras Urania Cabral visita a su padre en Santo Domingo, volvemos a 1961, cuando la capital dominicana aún se llamaba Ciudad Trujillo. Allí un hombre que no suda tiraniza a tres millones de personas sin saber que se gesta una maquiavélica transición a la democracia.

Vargas Llosa, un clásico contemporáneo, relata el fin de una era dando voz, entre otros personajes históricos, al impecable e implacable general Trujillo, apodado el Chivo, y al sosegado y hábil doctor Balaguer (sempiterno presidente de la República Dominicana).

Un libro para no perder las raíces.

Una novela que ya es historia y que ha sido llevada al cine recientemente, con Isabella Rossellini como protagonista.

Los años con Laura Díaz

A través de la historia de un personaje entrañable que es testigo de los acontecimientos nacionales e internacionales, Carlos Fuentes escribe la memoria del siglo XX mexicano, apoyando su narración en hechos y personas que determinaron la conformación del México actual.

De manera simultánea, el autor realiza un recorrido por la vida íntima de una mujer, Laura Díaz, y de las pasiones, los obstáculos, los prejuicios, el amor filial, las alegrías y los dolores que la conducen a conquistar su propia libertad y su libertad creativa. *Los años con Laura Díaz* es la historia de una saga familiar, originada en Veracruz, que sirve de sustento a la novela. Como nunca antes, Fuentes es fiel a su propósito de describirnos el cruce de caminos donde se dan cita la vida individual y la vida colectiva.

NEW